樋口泰行
日本マイクロソフト会長

僕が「プロ経営者」になれた理由

変革のリーダーは「情熱×戦略」

日本経済新聞出版社

はじめに――「プロ経営者」として学んだこと、マイクロソフトでやってきたこと

ハーバード大学でＭＢＡを取得。元戦略コンサルファームのコンサルタント。外資系企業の日本法人トップで、プロ経営者――私の来し方をこうして箇条書きにすると、とんでもなく切れ味鋭いエリートのようだ。


私も、普通のサラリーマン技術者だった。

私も、自分の仕事や会社に不満を抱き、閉塞感を感じていた。


ＭＢＡを取ろうと決意し、留学したのが32歳のときで、最初の転職は34歳のとき。決して若くはない。それまでの私は、内気で口べタ、部屋にずっとこもっていても平気な、今でいう典型的な「理系男子」だった。

実は今でもその本質はあまり変わっていない。だからこそ、かつての私と同じように悩んでいるみなさんに言いたいのだ。

「そのままでいるのは、もったいないよ」と。

ハーバードでは英語で本当に苦労し、落第ギリギリの綱渡りで何度も卒業をあきらめかけた。ダイエーでもマイクロソフトでも、問題を抱えた企業特有の壁に跳ね返されそうになった。

そうしてもがいてきたからこそ、見えてきたものがある。あえて困難なチャレンジを続けてきたからこそ、得られた経験がある。

それを読者のみなさんにお伝えしたいと考え、生まれたのが本書だ。

本書は、「変革の時代のリーダー」について書いている。みながリーダーになる必要はないが、誰かがリスクを負ってリーダーシップを発揮しなければ、日本も日本企業も行き詰まってしまうだろう。その「誰か」が本書を読んだあなたであったとすれば、これほど嬉しいことはない。

私は「プロ経営者」である。プロ経営者は社内で昇格した人間ではできない変革の実行を求められることが多い。そこでの体験と、得られた教訓をお話しすることは、きっとこれから変化の時代を生きるみなさんにもお役に立つことと思う。

Microsoft

僕が「プロ経営者」になれた理由

目次

第1章

どうすれば「自分の価値」を高められるのか？
――キャリアとスキルとビジネス経験

第2章 なぜ、リーダーをめざすのか?
——変革の時代のリーダー像

第3章

なぜ、組織を変え続けるのか？

――変革をマネジメントするということ

第4章

なぜ、戦略がうまくいかないのか？

――徹底的にやり切るためのリーダーシップ

第5章

なぜ、マイクロソフトは変わったのか？

――外資系IT企業にも大企業病は忍び寄る

第6章 これからＩＴはビジネスをどう変えるのか？

――クラウド革命とＩＴリテラシー

第1章

どうすれば「自分の価値」を高められるのか？

——キャリアとスキルとビジネス経験

一つの会社に一生勤める時代ではなくなった、とよく言われる。とはいえ、最初の一歩を踏み出すことをためらっている人は、まだまだ多いのではないだろうか。

転職をすることが重要なのではない。きちんと必要なスキルを身につけ、多様な経験を積んで、一つの閉じた世界のみで認められるのではなく、普遍的に周囲から評価される「市場価値」を高めることが大切なのだ。結果として、同じ会社に一生必要とされ続けることだってあるだろう。振り返ってみると、私が「プロ経営者」として請われたのも、結局は地道なビジネス経験の積み重ねが評価されてきたからだと思う。

一方で、私は経営者として人を評価する立場でもある。伸びる人は何ができているのか。伸びしろがあるとはどういうことなのか。本章では、私の経験を振り返りつつ、「ビジネスパーソンとして評価されるとはどういうことか」について考えていきたい。この人材に対する市場原理を効かせた、ある種の「働き方改革」こそが、ひいては日本全体の競争力を押し上げるものと信じている。

私が5回転職した理由

２０１６年４月に、国際的な大手会計事務所であるデロイト・トウシュ・トーマツが「ミレニアル世代」の世界規模での意識調査の結果を発表したが、これがなかなかに興味深いものだった。ミレニアル世代とは１９８０～２０００年ごろに生まれた人たちで、勤め人になっていれば自分のスキルアップに躍起になっているぐらいから、そろそろマネジメントを学び始めるぐらいの年頃の人たちだろう。

日本でも全体の52％が２０２０年末までに離職（転職）を考えているという。これは世界全体の66％、イギリスの71％、アメリカの64％よりは低いものの、私は「意外に多いのだな」と感じた。一方、転職先を選ぶ際の報酬以外の決め手としては、日本も含めた全世界で「適正なワークライフバランス」が最も多く、次いで全世界では「昇進・リーダーになる機会」だが、日本では今でも「仕事に意義を感じること」が多数だったともいう。

つまり「仕事を通してよりよい人生を送るために、転職も選択肢の一つとして考えるようになった」ということであり、これは日本の変化と日本の働き方の根底にあるものの両方が、実によく浮き彫りになっているのではないだろうか。

振り返ると私自身は5回、転職している。これが多いのかどうかは自分では分からない。金融証券系や外資系の人たちから見れば「普通」かもしれないし、一つの会社で定年退職まで勤めあげた人からすれば「腰の定まらない奴」と思われるかもしれない。

ただ昔とは違い今は、転職はネガティブな履歴とされることは減ってきた。頻繁に転職するのはよくないが、多様性を広げ、キャリアを開拓できる転職であれば、むしろ、「いろいろな仕事やできごとを体験してきた」と、ポジティブに評価する会社が増えているのではないだろうか。つまり、「人材としてマーケットバリューを高める」のを受け入れてくれる素地が広がっているように思う。

私は評価する立場として、例えば採用候補者の職歴のポートフォリオを見ると、能力の要件をどれほど満たしているかを、かなりの部分判断することができる。

私が勤め人になったころは、転職に対してはネガティブに評価する時代だったし、私自身も自分のマーケットバリューを上げるのを狙って転職を繰り返してきたわけではない。将来、なにになりたいとか展望があったわけでもなく、ただただ、なにかそこで学べることが終わったと思えば転職するという感じだった。

砕けて言えば、「飽きっぽい」。エネルギーレベルが高くて散歩に出さないとストレスがたまってしまう犬みたいなもので、ある程度勉強しきると「次なる目標」「次なる目標」

へと向かってしまう性格なのだ。したがって家庭にはほとんどエネルギーを注がない、まったく貢献しない、貢献を期待できない父親でもあった。

どのようにすれば人材としてのマーケットバリューを高められるのか。変革の経営リーダーとしての資質とは別に、自身はどのような点が評価されていくのか。個人的なことではあるが私自身の経験談やマイクロソフトでの人材育成の視点などから「マーケットバリューのある人材とは」を考えてみよう。

「大暴れしてみたい」思いで最初の転職

改めて履歴書風に書けば、大学を出た後の私の職歴は次のようになる。

１９８０年松下電器産業（現パナソニック）入社、溶接機事業部に配属。85年、溶接機事業部からＩＢＭの「マルチステーション５５０」の開発プロジェクト室へ異動。89年、ハーバード大学経営大学院（ＭＢＡ）入学。91年、同卒業。松下電器に復職。92年、ボストン・コンサルティング・グループ（ＢＣＧ）入社。94年、アップルコンピュータ（日本）入社。Ｍａｃ互換機の開発を担うプロダクト・マーケティング部部長。97年、コンパックコンピュータ入社。コンシューマＰＣ事業の立て直し。

2002年、ヒューレット・パッカード（HP）との合併に伴い、新生日本HPのインダストリー・スタンダード・サーバー統括本部長。03年、同社社長。05年、ダイエー社長、07年マイクロソフト（現日本マイクロソフト）入社。代表執行役COO。08年、同社代表執行役社長。15年、日本マイクロソフト会長。

この間、一貫してあるのは興味を持ったテーマがあれば勉強して次なる目標を探し続けてきたことだ。

最初の松下電器の溶接機事業部。電気の世界では「高周波7年、トランジスタ5年、デジタル回路3年、マイコン1年」と言われてきたように、アナログ技術の方が学ぶのには時間がかかる。アナログになればなるほど開発において経験値に頼る部分や理論的に説明しにくい部分が多くなるからだ。溶接機は、その代表のような製品で、学びがい、挑戦しがいのある分野だった。実際、自慢するわけではないけれど事業部に在任中の5年間で6件の特許を取得した。

一通り学べると「次がないか」の気質が出てくる。資格を取ると周囲の人が「すごいじゃないか」と褒めてくれるのが嬉しくて英語検定を受けてみたり、情報処理技術者の資格を取ったり、工業英語検定を受けたり、英会話も勉強した。仕事そのものの勉強は一杯やったので、自分の好奇心のはけ口を仕事以外のところに求めていった。英語などは、社内の研修で一番上のクラスまで進んだら、それから先のコースがなく、通訳学校に通うようになった。当時、通訳学校ではサイマル・インターナショナルとインターグループの2校が有名だったが、自費で両方に通った。

とは言え、勤め人は起きている時間のほとんどは仕事場で過ごすのだから、仕事でやりがいが見つからないと満たされない日々になる。ところが当時の会社は、異動希望を出しても簡単には認めてくれない。希望を出して早くても2〜3年はかかってしまう。しかも溶接機事業部は、誰も希望して配属になりたくなるような部署ではなかったので、「一度配属になったら絶対に外には逃がさないぞ」「ここから出ていくのは会社を辞めるときだ」というぐらいの抱え込みがあり、そこからの異動希望を出すときは辞表を片手にしているぐらいの覚悟が必要だった。

IBMのマルチステーションの開発プロジェクトでは、アメリカ人技術者の整然かつ論理的な会議進行にすっかり魅了され、これが留学を希望するきっかけになるのだが、やはり留学に自分のエネルギーのやり場、はけ口を求めていたと言った方が正解だろう。

とにかく落第しない、生き残ることだけに必死のMBAの2年間が終わって本社に戻ると、任されたのが当時、松下電器が買収した映画会社MCA（現NBCユニバーサル）のエンタメ・ソフト活用だった。その仕事が面白い面白くないではなく、本社の仕事は事業部以上に行動範囲が狭く、ＭＢＡで学んだものがなにも生かされないような窮屈感があった。

それで、「大暴れしてみたい」と選んだのがＢＣＧだ。別にＢＣＧにどうしても入りたいというのでもなかった。コンサルティング会社は、将来の採用を考えてビジネススクール時代から学生と接触しており、交流のための会食を設定してくれたりしていたのだ。「ＭＢＡを取った人間の最初の勉強先としてコンサルは定番だな。まずはコンサルにしよう。なにかやりがいもありそうだし」

転職活動１日目に訪ねたのがＢＣＧで、５〜６人に面接したら「はい、採用です」。私も「まぁ、いいか」とあっさり決めてしまった。

キャリアはマネジメント能力へ集約される

その後も似たり寄ったりだ。ＢＣＧではいろいろな業界を担当して勉強はできた。しかしコンサルタントはあくまでも外からビジネスの中心にいる人にアドバイスするのが仕事であり、ビジネスそのものの渦中にいるわけではない。これがフラストレーションになってきた。またも「もっと暴れてみたい虫」が蠢《うごめ》く。いろいろ考え、外資系企業で、元はエンジニアなのでコンピュータ関係ならやれるのではないかと思った。

最初に入ったのがアップル。マッキントッシュの互換機を開発したり、また、キヤノン販売（現キヤノンマーケティングジャパン）などと協業してアップル製品の拡販を行う仕事だった。しかし後にコンパックに転職して改めて思ったのだが、やはりアップルはマーケティングの会社で、サプライチェーンも生産管理も品質管理もしっかりしていない。

アップルに入社したのは37歳のときだ。20代や30代の初頭は、キャリアとは知識でありスキルだったが、30代の後半になってくると一歩経営に近くなり、「どうやって人をマネジメントするか」や「どうやって他の部署を巻き込むか」「お客さま対応をどうするか」、さらには「上司は尊敬できるか」など関心と課題に「人」というものが介在し、広がりが出てくる。しかし残念ながら当時のアップルは、そういう広がりに応えられる会社ではなかった。

アップルはスティーブ・ジョブズが復帰する前のころで、会社には敗北感や限界感といったものが漂っていた。「もうダメかな」という緩い見切りが社内全体にあった。したがって会社全体が燃えるような感じにはなっていない。マネジャーとして問題意識が広がり始めていることに十分に応じてくれる会社ではなさそうだ。そういう思いが日に日に募っていた。

「今度はマッキントッシュじゃなくてウィンドウズ。これからはウィンドウズの時代だな」と考えてコンパックに転職をする。アップルはその後、ジョブズが復帰してまたよみがえることになる。

コンパックに入社できたのは、私の仕事人の人生としては幸運な巡り合わせだった。コンパックではパーソナルPC事業の再生と、法人向けのサーバー事業などを担った。イノベーションが会社の中心にあるアップルとは違い、ビジネスのマネジメント、資材購買からサプライチェーンマネジメント、販売などさまざまなビジネスリズムを学ぶ機会を得られたのだ。いろいろなことを学べたとは、裏を返せばそれだけ仕事の内容も評価も厳しいものだったということだ。

その経験から、「キャリアは単なる知識やスキルの積み重ねではなく、マネジメント能力に集約されていくのではないか」と考えるようになったのである。

ちょっと話は先に飛ぶが、後にコンパックはHPと合併した。すると平時の日々のオペレーションを回すマネジメントではなく、コミュニケーションをベースにした変革のためのマネジメントに自分の力点が変わってきているのに気づかされた。合併後にどのような会社になろうとするのか。かつては3つも4つもあった会社が合併して統合効果を出すにはどうするのか。そうした平時ではない変革期のマネジメント能力とはなにかを自問自答するようになっていた。

結局、変革のマネジメントは、マイクロソフトに入社してからも、会社を正しい姿にするための主要な課題になっていく。もし安定した企業で働いて管理職になっていたとしたら、こうした変革のマネジメントというテーマを考えざるを得ない状況になったりすることもなく、思いを馳《は》せるようにもなってはいなかったろう。

愚直な浪花節で歩んだダイエー社長

ダイエーの社長就任は、今から振り返ると正義感からだったと思う。

ダイエーの再建を進めていた産業再生機構、アドバンテッジパートナーズ、丸紅の三者が合意して「ぜひに」とお話をいただいた。なぜ私だったのか、その理由はよく分からなかった。もちろん相手が、「AさんとBさんも考えていましたが、Aさんには断られました」などと内幕をばらすはずもない。しかも三顧の礼をもって迎えるというよりは、「捕まえたら放さないぞ」という雰囲気で、「株主総会の招集通知書の発送もぎりぎりに迫っていますので」と半ば脅すのである。

当初は、土地勘のない業界でもあるのでためらっていた。ただ私自身は１９５７年に神戸に生まれ、同じ年にダイエーも神戸で創業している。私の祖父は小さな薬局を営んでいたが、ダイエーができてからお客さまを奪われて店を閉じてもいる。ある親戚に社長就任について相談すると、「お前が、おじいちゃんの仇を取ってこい」と言われたほどだ。

「それなりの縁があるのかな」と気持ちは傾いていたが、一番困ったのは決め打ち的に出されてきた「社員が困っている」だった。何度も言われ、この言葉にはさすがに動揺した。まるで私の性格を見抜いたような打診の仕方だった。

「困っている社員をお前は見捨てるのか」。この正義のヒーローそのものの自問自答が、「逃げてはならない」に変わるのにはさほどの時間を要しなかった。最後は、「いや、もう分かりました。やります、やりますから」と受諾した次第だ。

ＨＰでは、本社も日本の役員も社員も猛反対だった。「なにを考えているんですか」「絶対認められないよ」などと言われたが、「国のプロジェクトでもあり、それにお役に立てるのであればチャレンジしてみようと思う」と、国を〝御旗〟にしてなんとか納得して送り出してもらった。

今でこそ、どんなビジネスでもある程度はビビッドに理解できる能力があるが、ダイエーの社長就任では流通業の経験はないし、再生機構などは「再生の道筋はついていますので」と強調するので、それを鵜呑みにしていた。しかし実際にダイエーに入ってみると、膿が出るわ出るわ。目の前にはリスクの固まりがごろごろしていた。

例えば売上高は、再生のスタート前の水準があり、再生プランでは初年度の予想売上高をそこから減らして発射台を大分低くしてある。「リストラ効果で増益に持っていき、同時に売上高のトップラインも上げていけばよい」と考えていたが、低く設定されていた売上高も、改革着手の遅れや環境悪化もあり、想定以上に発射台が足元から「地盤沈下」していたのである。これではまったく話が違う。

だが、「話が違うじゃないか」と怒っても仕方がないし、腹をくくるしかなかった。

現場はすでに〝リストラ疲れ〟で疲弊しており、再生の妙手も見いだせない。また改革策には常に反発が出て、現場は改革案が出るたびに頑なになっていた。一方で、当時の小泉政権のもと、産業再生機構を通じて国民の税金が投入されているのだから、株価を少しでも上昇させて売却益が出るようにしなければならない。そうしなければ国民のみなさんから批判を受ける。社長としてのプレッシャーは尋常ではなかった。

こういう状態では、トップとしての意思を明確にして一人でも多くの従業員と共有してもらう愚直な行動しかなかった。閉店するお店の閉店日には、秘書も連れずにたった一人で訪ねて「申し訳ありませんでした」と頭を下げる。電話会議をオープンにしてトップの声を聞いてもらう。店長には電話をかけまくり、トップが身近にいるのを実感してもらう。

さらに断絶した組織を縫い合わせるために「新鮮野菜宣言」のような部門横断型の直轄プロジェクトに挑戦し、その過程でなにをどう考え、変えていけばよいのかを共有する。また、自前主義を捨てた「他力活用」戦略で、店舗の収益性を高めて、収益を基準にして改革を進める意義を訴える。

幸い、ダイエーでは早期に結果を求められていたので、再生プランの大枠から外れない限りは社長としての裁量はそれなりにあった。その裁量は、ほとんどを従業員と一体になること、言葉を換えれば「自分の大切な時間と人生を注いでいる仕事が、自分にとって満たされたものにならない限りは再生もない」という思いの実現に注いでいた。

浪花節のようだが、浪花節しかできないし、そもそもマネジメントの根幹は従業員の生きがいをいかに創造するかにあると思っていたので必然的に浪花節になった。それはやはり、私なりの正義感だった。また、イノベーションが軸にある業態とは異なり、1つの大きな差別化で逆転ホームランを打てる業態ではなく、与えられた環境では、人のモチベーションが、再生への大きな鍵であった。

ダイエー社長としての1年半ほどの経験が残してくれた教訓はいくつかある。あえてほろ苦い教訓を一つだけ書き留めておけば、最近のシャープの液晶事業の再建にも通じるのだが、大規模な設備投資を必要とする産業や業態では、そのビジネスモデルが崩壊したときには同業と合従連衡して再編を図るしかない。債権を放棄してもらい、リストラして、残された者たちで再編会社を身ぎれいな状態から再出発させる。なぜなら現状のままの規模ではまったく合理性がないからだ。

それが分かった上で投資し、キャピタルゲインを得ようとする人たちがいる。自分は、そういう人たちのために頑張っただけだったのではないか。それが的外れの自問ではない現実を嫌というほど見せられた。それがダイエーでの1年半だった。

なぜ外資系の「プロ経営者」として結果を出せたか

新生ＨＰやダイエー、そしてマイクロソフトで、なぜ「プロ経営者」になれたのか。特に外資系企業で、なぜ私が社長に推され、それなりの評価を受けられたのか。

新しい取引先に部下とご挨拶にうかがうと、相手先の経営者が部下に先に名刺を渡そうとするぐらい私は社長然としていない。偉丈夫でタフそうで、張り出しが強そうな、いかにも外資系企業のトップというイメージでもない。それでもそれなりに評価された理由は、自分なりに明確に自覚している。

外資系企業の日本法人では、まったく異なる2つの側面、能力が経営リーダーには求められるからである。

まず日本のお客さまにものを売るには、ものすごく日本的な営業力、つまり人間同士としての親密さや信頼を醸成した上でのウエットな関係やそこに至るまでの情熱に基づく営業力が求められる。一方で、本社とのやり取りや連携はきっちりとやっていかなければならず、そこは非常にアメリカナイズされたロジカルでタフネゴシエイトな世界だ。しかも、アメリカ企業にしてもヨーロッパ企業にしても非常にタフな経営者が多いので、日本法人のトップや経営リーダーもタフなやり取りができなくてはならない。

外資系とはいえども日本法人は日本文化のウエットな部分を抱え込んでおり、現場の気持ちを忖度《そんたく》しながら変革しないとうまくいかない。破壊と創造で大胆に改革しても、日本ではその後を丁寧に汲み上げていかないと実を結ばない。それでいてウエットなところばかりに振り回されていてはシャープな実行力は出てこない。そもそも、外資系に限らず従業員は戦略的な思考を鍛えられてもいない。

この日本人に受け入れられるキャラクターや営業力と、真逆のアメリカ人に受け入れられるキャラクターやアグレッシブさの両方を持ち合わせていなければ、日本法人の成績は上げられないのである。

ちなみに、この両面能力は、現在の日本企業がグローバル化を背景にして取り組まなければならない経営改革にもそのまま通じるもので、両面能力を備えた経営リーダーを育てるか招聘《しょうへい》するかしなければ新たな経営体制に脱皮できない。

両方の能力を身につけるには、まずは自身の器をものすごく大きくする努力をしなければならない。両方が1つの体の中で共存できるほどの〝帯域幅〟がないとできない。かつ、若いうちに両方の文化を体験しておかなければならない。中高年になって気がついても感性や発想がどちらか一方になっていれば「トゥーレイト」であり帯域幅を広げられない。また帯域幅が狭すぎるとどっちつかずにもなってしまう。

私に先天的な能力があったのではない。偶然にも若いときから両方を経験できていたのである。松下電器のような超日本的な経営の会社の超ウエットな事業部門で働き、日本的な企業文化・文脈を深く理解していた。一方で、ビジネススクールでは真逆の世界に直面し、英語が自由にならないもどかしさに苦労をしながらもなんとかアメリカ式の経営理論を学んだ。

帰国後も超ロジカルなコンサルティング会社で、シャープな戦略を、まるで無理やり自己変革するように身につけた。そしてアップルやコンパックでは、日本的なウエットな営業の洗礼をさらに受けたのだ。たまさか両面の力を体で分かっていたということだ。

日本的なウエットさに慣れた体質にアメリカ的なロジカルな体質を付加して共存させていく、つまり帯域幅を広げるのは、窮屈なシャツを筋肉の成長だけで破っていくような辛さがある。若いときから意識しないと、と書くのはそのためだ。

「帯域幅」は、別な意味でも不可欠なものだ。マネジャーとしての俊敏性に深く関わるからである。

マイクロソフトには、「組織のブループリント」と呼ばれるものがある。それぞれの部署・部門について組織としてあるべき姿が規定され、マネジャーに求められる資質や職能も記されている。そのなかに「ある程度、位が高くありながら部下がいないことはあり得ない」という趣旨の規定がある。位が高ければきちんと部下を持ち、ビジネスと部下をマネジメントできなければマネジャーではない。孤高の遊軍兵はいらない、といった意味だ。

私はよく、「たくさんの部下を持つマネジャーはルーターのようなものである」と言う。コンピュータやパソコンの周辺機器をつないでいるルーターだ。ルーターの帯域幅が狭く、伝送スピードが遅いとデータのやり取りがすぐに遅滞してしまうように、マネジャーの帯域幅が狭ければ部下から入ってきた情報はすぐに滞留するし、処理が進まない。それなりのマネジャーになれば、かなりハイスピードで帯域幅の広いルーターにならない。

なければならない。

人とのリレーションシップ構築も上手で、取引先からの評判もよい。社外人脈も厚く、尊敬もされている。だとしても組織長、マネジャーになったときに帯域幅の広いルーターとしての能力や俊敏性を持ち得ないのであれば、ブループリントではその人をキープする余裕はないとされるのである。したがって外部とのいろいろなリレーションシップに長けていることと、内部のハイスピードで俊敏性の高いオペレーションとを両立できている状態を保ち続けなければならない。

20代で学んでおくこと、30代でやるべきこと

私がビジネススクールに入学したのは、松下電器に入社して10年目、32歳のときだ。先の「ミレニアル世代」では、１９８０年代前半に生まれた人たちが、この年代に入っている。知識とスキルがそれなりに蓄積され、仕事も主体的にこなせるようになってきているだろう。

それは同時に、逡巡の時期を迎えているともいえる。このまま会社で頑張っていけばよいのか、もう一段の飛躍を期すためになにかを自分自身にしかけていかなければならない

のか。これはもちろん、その人のタイプによって判断も、その後の成長も変わる。

外に出ることで素直に経験の幅も知識の幅も広がり、いい感じで熟成していくタイプの人がいる。一方、今の職場での評価はさほど高くなく、人との付き合いもそれほど上手ではなく、頓珍漢なことを言っており、おそらく場所を変えても同じことを繰り返すだけになってしまう。そういうタイプの人もいる。

いずれにしても若いころは、個人としての作業レベルや生産性が高いか低いかで評価される。それは即ち知識やスキルでの勝負所だ。しかし30代半ばになってくると、今度はグループの生産性をどうやって引き出すかや人をマネージするなどの転換点を迎える。そのときに、タイプの違いや本人が備えている本当の能力、それまでの努力があぶり出されてくるように思う。人材としてのマーケットバリューという意味では、最初の〝評価関門〟が30代半ばに設定されている。

そこで同僚などと差がつくとすごく悲観する人がいるし、有頂天になる人もいる。しかしマーケットバリューとは、一度差がついたらずっと差がついたままではないことも事実なのだ。自分がどのような会社にいるのか、どのような仕事をするかの体の置きどころでも発揮される能力は変化する。また同じ仕事をしていたとしても年齢と共に見える景色はどんどん変わり、それで発揮される能力も変わってくるのだ。それは激励の意味として書いておきたい。

そもそも日本の会社では、まだまだマーケットバリューを意識した経営になっていない（それがよいと言っているのではない）。新入社員であれば誰もが給料の額は同じであったり、若い世代の昇給は同じピッチだったりしている。大卒か大学院卒かといった違いではなく、新人であっても能力と貢献期待を加味して初任給に差があってもおかしくないと思うのだ。

プロ野球の世界を見れば、同じドラフト1位選手であっても契約金や初年度の年俸はバラバラだ。アメリカもそうだ。また「アメリカの経営者は高い報酬を取り過ぎている」と批判する声もあるが、逆に「日本では抱えている責任の割に経営者の報酬に差がなさ過ぎるのではないか」という声もある。つまり個々の能力や成果を、報酬の差で評価する仕組みが十分に発達していないのである。

日本の会社風土では、「会社にいる人たちだけでなんとかやり切りましょう」というメンタリティーが強く、例えば株主からの「もっと業績をよくできる経営者を外から引っ張ってくるべきだ。何百億円もの利益を生む事業を創造したら、その10分の1を経営者に与えてもよい」などという提案もない。人材のマーケットバリューを気にする以前に、経営者のマーケットも十分に形成されていない。

だからこそ30代半ばの最初の関門の評価で一喜一憂する必要はないと思うのだが、とは言え努力すべきポイントはあるように思う。

まず先にも書いたように、外資系の日本法人であれば、日本的なところも理解しながら、海外事業や海外本社とも連携できる「デュアルな能力」は必須だ。日本企業でも今後、グローバル展開しようとすればまったく同じで逆パターンにすぎない。グローバル展開のみならず、海外とのベンチマークの下、日本企業の経営をより近代化させ、競争力を強化していくためにも、この「デュアルな能力」は必要と考える。そのために帯域幅の広さは不可欠だ。

次に「自分が、自分が」という考え方の捉え直しだ。外資系に目立つパターンだが、自分のキャリアや自分の待遇が大事で、それが個人主義的な考え方のなかで終始してしまっているタイプは一流ではない。マインド面では二流なのだ。

プロ野球のような、新人でも高額な年俸を手にできるような厳格な能力評価の手法は必要だが、そのことと個の主張はまったく別な話だ。その人の能力が高かったとしても「自分は成績さえ上げれば出世もできる」と考え、最終的に組織全体の力につながらないのでは本末転倒だ。プロ野球選手が、その素質がどんなに優れ、高額年俸の支払いに値する能力と考えられても、結果的にチーム優勝という最終的な目標に貢献できない能力は評価されないのと同じだ。

20代のころは、「誰それさんと名刺交換できた」と嬉しがり、それを自慢したがったりもする。しかし自分の器が一流になっていかないと、そういうお付き合いは定着しないし、本物の力量にもならない。

まずは少しでも自分の知識やスキルを上げ、自分の任されていることを誰にも頼らずにできるようになるのが先決だ。お客さまから問合わせをいただいたときに、「ちょっと待ってください。上司と相談してみます」と答えるよりも、自分で考えて回答するぐらいの気概がほしい。それぐらいまずは勉強だ。

問題はそこからだ。人間的な魅力や、なにかを突き詰めて考えた上で初めて洞察力のようなものが身についてくる。そうすると類は友を呼ぶではないが、自分と同じように研鑽を積み重ねてきた人とのつながりができてくるものだ。人脈は、交流会に参加して名刺を交換しあっていれば広がるというものではない。同じような問題意識を持ち、苦労を重ねてきた人は必ずいるもので、そういう人たちは磁石に引きつけられる砂のように集まってくるものだ。

とはいえ20代の若い人にそれを言っても、頭の隅ぐらいには残るだろうがすぐにできるものでもない。やはり目の前のことに集中してやりきっていくのが20代だと思う。

30代の中ごろから後半になってくると事情は変わる。日本のビジネスの文脈が見えてくるようになり、そのなかでの自分の立ち位置も自ずと変わる。お客さまのマネジメントなり、対等に話ができる能力などは30代の中ごろから急速に伸びてくるし、訓練によってできるようにもなってくる。

人と擦れ合うことによる厚みとでも言うべきか、お客さまとの商談を中心的な立場で進めたり、空気を読んだり、話の間を取ったり、言葉に表しづらい、しかし重要なことを学ぶようになってくる。30代のラーニングカーブ（学習と能力の伸び曲線）は、明らかに20代とは違うし、意識すべきことではないかと思う。

マイクロソフトの評価基準

マイクロソフトには「ストックレベル」という等級があり、等級ごとの評価基準がある。部門によって微妙に違うが等級ごとにどのような知識や能力が求められているかが定義されている。それは一度決めたらずっとそのままというものではなく、環境や時代によって求められるものが異なってくるので随時見直しが繰り返されている。

最近では、「連携能力」とでも言うべき部分に規定を見直す視点がある。「カスタマー・

オブセッション」という全社方針のもとでの見直しだ。カスタマー・オブセッションは「顧客第一主義」と訳されるが、その本来のニュアンスはもう一歩踏み込んだ「顧客に入れ込む」といったものである。それを実現するには、部門間の協力・協業、組織横断的な協業マネジメントなどが大前提となる。だからこそストックレベルでも必然的に関連項目の数やウエートが増したりしている。

「他者との協業の状況」「他者へのインパクト」「他部門への協力度」など、いずれも一口でスパッと表現したり評価しにくいものだが、難しさはあってもそのような評価法を確立していこうとしている。

人によっては、「協業評価が低いのですが、私はこれをやりましたよ。書いてあることの全部をできているじゃないですか」などと食ってかかるケースも出てくるだろう。しかし、「それはできているかもしれないが、こういう得も言われぬ人の器みたいな部分であなたの評価は低いのです」と明確に表現できるような仕組みをめざしている。

一種の理想の追求でもあるが、ビジネスが協業をベースにしているのだからこれを避けて通るわけにはいかない。

今のように今日は昨日と同じで、明日は今日と同じといった「ビジネス・アズ・ユージュアル」なオペレーションをしているだけでは能力は伸びない。ダイバーシティについての深い理解と、そこからの発想も豊かにしなければならない。グローバルな感覚も必要だ。それでいて日本の人たちのウエットな感覚も理解できなければならない。そして最終的には変革を担うリーダーをめざす。

「そんなスーパーマンのような社員がどこにいるのですか」と言われるのは百も承知である。

余談になるが、かつてアメリカ陸軍が「アパッチ」という攻撃型ヘリコプターを開発した際、その抜群の運動性能や火器管制システム、電子装備類などがあまりにも先端すぎて「このヘリを、いったい誰が使いこなせるのだ」という話になったという。検証したところ、「このヘリを自在に動かせるのは、アメリカ東部の一流大学を主席クラスで卒業して、オリンピックの陸上と水泳競技で共に金メダルを取れるほどの身体能力の持ち主」という結果が出た。

「それじゃ、誰も乗れないではないか」と大騒ぎになった。しかし「アパッチ」は実戦配備され、何千人ものパイロットが乗りこなしている。訓練があれば人は十分にその能力を拡大するものなのである。

それと同じ、と言っては語弊があるかもしれないが、スーパーマンのような社員は今はいないとしても育てられるし、育てなければ会社は生き残っていけないないし、本人も仕事を通して豊かな人生を手にすることはできない。その意味では、人材のマーケットバリューという点で、会社側が抱えている責任も重いと感じるのである。

「終身雇用される」にふさわしい人になれ

日本マイクロソフトには2000人強の従業員がいる。毎年、いわゆる新卒で採用するのは30人前後だ。

採用されるのはやはり前向き、ポジティブで、元気があり、「愚痴を言っている暇があったら、なにかを勉強した方がよい」というタイプだ。それと、あまり会社にもたれかかるような感覚の人はいない。経営サイドの私たちからすれば、面接などで「この会社で一生働きます」と言われても、「いや、今の時代でそれを言われてもちょっと気持ち悪いんですよ」という感覚がある。

もたれかからない人とは、自分のキャリアは自分で切り拓くと考えているタイプだ。つまり自立的な自己責任感を持っている。仕事がうまくいかずに飲んだくれ、「やってらんないよ、こんな会社」と愚痴っても、「その会社を選んだのは誰。あなたでしょう」「そうでした。じゃあ前向きに考えてみます」といった会話が成立するようなタイプ。

だからこそ「入社したからひとまず安心」ではなく、できるだけ早いうちにスキルや知識を身につけ、「とにかく早く一人前になるのだ」という意欲は高い。

一方で、正直に書けば、会社側も若い人の育成には神経を使っている。これまで若い人に求める能力や力量の話を書いてきたが、実は会社側がなすべき課題も多いのだ。

ミレニアル世代の先頭が30代半ばになりつつあるなかで、彼らの「声」「感性」などは会社にとっても重要な〝市場観測ポイント〟であると同時に、次世代の経営を担ってもらう重要な人材でもある。特にコンシューマ関連のビジネスでは今後、ミレニアル世代の感覚を無視した商品開発や展開はあり得ない。彼らの感覚や価値観が具体的に商品を規定していく。彼らは、そういう世代だ。その上で、彼らを次世代の変革の経営リーダーとしても育てなければならない。

マイクロソフトは、「B to C（Business to Consumer：個人向け）」と「B to B（Business to Business：企業間取引）」の両方のビジネスを展開している。B to Bでは、取引先の担当者との丁々発止が必ずあるので、人と人が擦れ合う力は鍛えられていく。しかしB to Cでは、マーケティングや技術開発だけをやっていると人との擦れ合いも乏しくなる。世の中がどのように動いているか、販売チャネルの現場の人たちがどのように考えているのかなどが分からないままに育ってしまう。これは警戒しなければならない。

日本という風土のなかで製品を売ってくださっている販売店さんやカスタマーの頭の中の構造や気持ちに触れ合わなければ成長はないし、理解もできないだろう。日本的な営業風土なども理解した人としての器の大きさをどのように育てていけばよいのか。もっともっと知恵がいる部分だと感じている。

マイクロソフトには、たくさんの研修プログラムが用意されている。最近ではオンラインのトレーニングメニューも増えている。マネジャー就任前後の研修もあるし、傾斜投資でハイポテンシャルな従業員に集中的な研修を施すメニューもある。またアメリカ本社での英語を駆使しなければならないディスカッションにも参加させている。

しかし研修メニューにしてもグローバルを基準につくられたものは、やはり日本の文化にはなじまない部分が多い。アレンジが必要で、その上で「スーパーマンのような社員」を育てなければならない責任を経営リーダーたちは実感している。

現代は、彼ら若い世代を大事に育てないとそもそも会社に来てくれないし、大事にしたところですぐに辞められてしまうリスクも大きい。マイクロソフトが外資系の会社だからというのではなく、労働力の流動性は本当に高まっていることを実感する。

したがって若い人にとって魅力的な職場でなくてはならないし、若い人に対して民主的な職場にならなくてはならない。そこが一番気をつけるべき部分だ。さらに会社に対してロイヤルティー（忠誠心）が過大にならず、常に会社の魅力が高まっているので長く働いてもらえるというのが正しい姿だろうと思う。

かつてのように会社を辞めると、「出ていった者は裏切り者だ」と後ろ指を指すような風土は決して許されない。むしろ「出入り自由です。当社は自分たちの魅力でみなさんを惹きつけていますよ」という形でなければ競争力を保てないのではないか。

かつてはGEキャピタルで、現在はSMFLキャピタルでCEOを務める安渕聖司氏は、ハーバードビジネススクールの先輩でもあるのだが、「終身雇用制度が悪いのではない。終身雇用に甘える社員が悪いのであって、終身雇用にふさわしい人にならなければいけない」と語っている。GEグループは、世界規模での従業員の能力向上に熱心な会社で、CEOは全仕事量の3割を世界からの従業員の研修に注いでいるという。

味のある言葉だと思う。従業員だけに一方的な能力向上を求めているのではなく、そのために会社も人材育成を経営の中枢的な課題と位置づけて取り組む。そういう両者の自立的で責任を自覚し合った職場であれば人は長く勤めたいだろうし、長く勤める努力を惜しまないだろう。課長や部長就任時の数日間の研修だけで「後は諸君の努力次第だ。任せたぞ」という日本企業の人材育成とは天と地ほど考え方が異なっている。

「失敗を生かす」ことの本当の意味

自分のキャリアアップのために、いくつもの資格を取得しようとする人たちがいる。逆に、資格さえ取れればなんとかなると考えている節もある。それ自体を否定するつもりはないが、資格をどう評価するかは日本とアメリカでは随分と事情が違っている点は留意していた方がよい。

アメリカでは、まったくの見ず知らずの人を判断するときに、なにを根拠に判断していいのか分からないのが実態だ。それほど人種も民族も宗教も多様だからだ。そのため学歴やMBAなどの資格が重要になっている。それは、「自分はこんな人間です」という証明書になるからだ。「決して怪しい者ではありません。MBAを取るだけの力は持っております」と胸を張れる。

しかし日本の場合は、あくまでもペーパーテストで判断できる範囲の知識を持っていることを証明するにとどまっている。特にマネジャークラスになると、知識だけでマネジメントができるわけではなく、それをペーパーテストで計り知るのは難しい。MBAにしても経営ができるというよりは、経営の基礎知識があるだけにすぎないとの評価が強い。

ただビジネススクールのＭＢＡが他の資格と違うのは、必ずしも知識オンリーではない点だ。授業におけるケーススタディーはビジネスの疑似体験になっており、２年間の修業期間中に１日に複数のケースを疑似体験するような仕組みになっている。授業で発言しなければ及第点をもらえないので、その予習に夜を徹することになる。

私個人の経験では、知識はほとんど覚えておらず、疑似体験を通じてビジネスの判断手法が体の中に染み入っているという感じだ。必ずしも知識だけではなく、いろいろな会社のビジネスケースを広く体験することで「ＭＢＡ的なものの見方」を育てている。だからといってすべてのＭＢＡ出身者がビジネスの現場で優れたマネジメントを実践したり、ＥＱ（心の知能指数）を高めたり、人から尊敬を得ているわけではない。

資格取得もそうだが、最近の若いビジネスパーソンは非常にまじめで勉強をしている。そんな彼らから時折言われるのは、「社長も部長も、『若いうちにどんどん失敗をしておけ。失敗を恐れるな。早く失敗するほうが早く学ぶぞ』と言うが、はたして本当に失敗してもよいものでしょうか」だ。

厳しい意見だ。「失敗を恐れるな」と発破をかけておいて、いざ失敗すると「お前の責任だ」と叱責したり、「責任を取って異動だ」となってしまっているケースがまだまだ多いのだ。彼らは、そういう社長や上司の矛盾をよく見ているし、感知してもいる。私も学生時代、先生が「チャレンジせぇ」などと力を込めて学生たちを叱咤するたびに、「一番チャレンジしていないのは先生ではないですか」と思っていた。

若い人たちの感知のとおり、失敗を恐れるなと言いながらも我関せずみたいな人はたくさんいる。上司の立場では、失敗を恐れるなと発破をかけるならば必ず自分も絡んで「連帯責任だ」と言い切るぐらいの度量がないと身にはならないと思う。上司が絡むからこそ「これ以上やると危ない」と善導もできるのだ。

さらに若い人に「打てるボールが来たら確実に振れ」というチャンスはそれほどあるわけではない。そういうときに失敗云々を気にして尻込みしてしまうのは、やはり違うように思う。また、失敗したときでも、マネジャークラスや経営リーダーが同じ気持ちになっていないと失敗の経験は本人はもちろん組織の栄養にもなっていかない。

若い人に対して、「僕たちはよく分からないから若い人に任せた。若い人たちだけでやれよ」と託す人がいて、それが度量の大きさだと考えている経営リーダーもいるが、それは明らかに間違いだろうと思う。同じように、「新風を吹き込んでよ」「若い人らしい清新なアイデアを期待している」などというのも同じで、その実態は失敗を奨励するどころか全部押しつけているだけの場合が多い。

世の中には、非常に頭がよくて実際に経験していないのに経験したかのように学べる人と、失敗しないと学べない人がいる。一回痛い目に遭って学ばないと身につかない。身についたら絶対に同じ失敗は繰り返さないと確信できるのであれば最初の失敗をためらう必要はない。

ただ残念なことに何度失敗しても学べない人というのもいる。同じ業界に長くいると業界関係者の噂や評価は十分に聞こえてくる。「この人の下で働くのは絶対にやめた方がよい」という人はいる。にもかかわらず、「いやいや、会ってみたらなかなかいい人だし、職種や給料も魅力的なので入社します」と忠告を聞かずに転職する人がいる。そして半年も経たないうちに「樋口さんの仰るとおりでした。ひどい人でした」とこぼしに来る。

キャリアでも仕事でも失敗は必要だと思う。ただ、そこからまったく学ばなかったり、同じ失敗を二回続けるとなると「必要」という論理は成り立たない。ひっくり返して言えば、同じ失敗を二回続けてしないぐらいきちんと学ぼうとする覚悟があるならば失敗はムダではなく、失敗を上手にマネジメントしたことになる。

本章のまとめ

「ビジネスパーソンとしてのマーケットバリュー」を高めるためには、スキルや知識を磨き抜くことはもちろん重要だが、それだけでは十分ではない。多様な環境に身を置き、失敗と成功の経験を積み、さまざまな人と仕事をすることで、人としての「器」を大きくしていくことが大切だ。そして経営者・マネジメント層は、そうしたチャレンジができる環境を整えることが、最も重要な仕事の一つだという認識をもってほしい。

第2章

なぜ、リーダーをめざすのか？

——変革の時代のリーダー像

「なぜ、リーダーになるのか」「なぜ、トップをめざす必要があるのか」——こんな素朴な疑問をもつ読者も多いだろう。今の環境のままでもそこそこやりがいはあるし、たとえ役職が上がったとしても責任が重くなるだけで、なにもいいことなんかない。確かにその通りかもしれない。

しかし、それは今日の日本の豊かさがこれからも続く、という前提の下でしか成り立たない。これだけ変化のスピードが速い時代には、変革を引っ張っていくリーダーがいなければ、企業も、そして日本という国も生き残っていけないだろう。

本書の読者には、自分のことだけを考えるのではなく、そんなリーダー役を担ってほしいと考えている。この章では、今日本と世界にどんな変化が起きているのか、そんな時代に必要なリーダー像とその資質について、私の考えを述べていきたい。

突出した「創業カリスマリーダー」だけでは不十分

今、日本が大きな転換期を迎えているのを否定する人はいないだろう。「少子高齢化」で市場は縮小し、総人口もどんどん減少している。にもかかわらず働く人の生産性は十分に上がらず、仕事が生み出す付加価値も増えない。世界を席巻していた家電や半導体は激烈な投資競争に敗れて見る影もない。

こうした状態を放置すれば多くの国民が不幸になっていくのは明らかだ。「人はなんのために生まれてきたの」と問われれば、私ならば「幸せになるためですよ」と即座に答える。「幸せになるためにはどうすればいいの」と問われれば、「民間の力が発揮されて経済がよい方向に発展していることが大前提」と答える。

しかし、それもこれも、転換期において大きな流れの変革をリードする新しいリーダーがどんどん出てこなければ実現できない。

歴史は、大きな変革の時代を何度も繰り返してきた。下剋上で群雄割拠の戦後の世を鎮めて幕藩体制が確立されてきた過程も大きな変革の時代であったし、武家社会に終焉をもたらし近代の扉を開いた明治維新も大きな変革の時代であった。世界に目を転じても産業革命の勃興による資本家の誕生は大きな変革の時代であったし、東西冷戦の終結もまた大きな変革をもたらした。

だが、かつての変革の時代と現在の変革は、一つだけ明確に異なる点がある。変革をもたらす環境変化のスピードが猛烈に速いのである。その背景にあるのがＩＴだ。

かつては社会になんらかの矛盾が蓄積してきて、それが大衆なりリーダーなりの変革力にまでエネルギーが膨張するには何十年もの時間が必要だった。ちょっと大げさな例だが、絶対王政の象徴的な存在で「太陽王」と呼ばれ、「朕は国家なり」という言葉を吐いたルイ14世の親政が始まったのが１６６１年だ。以後、フランドル戦争などの多くの領土戦争に明け暮れ、フランス財政を回復不能な状態にまで破綻させた。しかし、これへの国民の蜂起は、１７８９年の「フランス革命」まで１２０年以上の時を必要とした。そのフランス革命もナポレオン独裁を経て共和政を成立させた「二月革命」（１８４８年）に至るまでにはさらに60年近い時間を要した。

ところが現代はどうだろうか。例えばチュニジアの「ジャスミン革命」を契機に始まった「アラブの春」。20年以上の独裁政治が続いていたことを背景としながら、２０１１年1月に始まった革命は、わずか2年足らずで中東・北アフリカの国々に伝播し、独裁政権崩壊の混乱のなか、ＩＳ（イスラム国）台頭などを許した。

17〜18世紀のフランスと現代のアラブの大きな違いとして、背景にITがあったのは今さら指摘するまでもないだろう。携帯電話やインターネットのソーシャル・ネットワーク（SNS）を駆使した抗議活動。情報伝播のスピードがきわめて高速になることで人々が持っているエネルギーの膨張と発散も短時間で発現される。それが結果的に変革のスピードを猛烈に速めているのである。

日本もまた、このマクロ状況のなかにあり、かつ転換期を迎えているなかで変革を担う新しいリーダーが一人でも多く育ってこなければ生き残ってはいけないだろう。

リーダー論を考えるとき、過去のリーダー論でも検証の素材になったのは戦乱期や時代の大きなうねりのなかで活躍した、いわゆる「変革期の人たち」だった。しかし現代は、そうした突出した人物にスポットを当てる形でリーダー論を語ると決定的なポイントを見逃してしまう気がしてならない。

日本には今、京セラの稲盛和夫さん、日本電産の永守重信さん、ユニクロ（ファーストリテイリング）の柳井正さん、ソフトバンクの孫正義さんなど突出した経営リーダーがいる。アメリカに目を向ければアマゾンのジェフ・ベゾス、スペースXやテスラモーターズのイーロン・マスク、そしてマイクロソフト最高経営責任者（CEO）のサティア・ナデラなど、はち切れんばかりのエネルギーで未来を切り拓こうとしているリーダーがいる。

彼らのリーダーシップは本当に尊敬に値するし、彼らに学ぶことは有用だとは思う。だが、そんなすごいリーダーがどんどん出てくればいいが、彼らの資質を抽出してリーダー論を組成したとしても、誰もが共有できる「変革期のリーダー」論にはなっていかないのではないか。

というのも今求められているのは、マクロでもミクロでも構造的に起きている変化に対応するための基礎的なリテラシーとしてのリーダー論であり、誰もが共有して自身の資質として身につけなければならないリーダー論だからだ。

なぜこのように考えるかといえばまず、私個人の経験と深く関わっている。

大学を出て松下電器に入社したときは、一生を開発技術者で終えるのだろうと思っていた。しかし運に恵まれてＭＢＡ留学ができ、以後、日本ヒューレット・パッカード社長やダイエー社長、そして日本マイクロソフト社長などを務める機会に恵まれた。伸び盛りのパソコンメーカー、経営破綻した総合スーパー（ＧＭＳ）、そして〝ＩＴ世界の巨人〟と言われながらも創業から40年を経て大企業病に陥り始めていたソフトウエア会社。

一連の経験から学んだのは、個々の従業員が変革のリーダーとしての自覚と資質を備えて環境の変化に向かい合わなければ、個人にも企業にも持続的な成長はもたらされないという確信だった。

突出した創業トップの経営力に誘導されるのではなく、すでにいったん成功を経験した会社をさらに変革していくために、組織文化として変革期のリーダーの資質が育てられ、共有され、さらに醸成されていくことも、緊要なのではないのか。45歳から実質14年間、3つの会社で経営トップを務めてきた私の実感としてもったリーダー論の視点だ。

頑張ってもなんともならない時代がやってきた

ビジネスをめぐる環境は、本当に大きく変わってきている。マクロで見ればグローバル化など以上に重要な課題は、世界各国が「人口オーナス期」に突入していることだ。

人口オーナス期とは、「人口構成の変化が経済にとってマイナスに作用する状態」（『知恵蔵2015』）と説明されている。オーナスとは、「重荷」や「負担」を意味する。つまり少子高齢化が進んで従属人口（幼年人口と老年人口の合計）の生産年齢人口（15〜65歳）に対する割合が高まる時期だ（ちなみに生産年齢人口が従属人口を上回る時期は「人口ボーナス期」と呼ばれる）。

日本は1990年代初めに人口ボーナス期を終え、オーナス期に入った。先進国ではドイツやフランス、イギリスですでにオーナス期に入り、「成長が著しい」と言われるアジアでさえ中国は２０１０年ごろに、シンガポールやタイ、ベトナムなども10年代半ばにオーナス期に入っている。一方、インドでは人口ボーナス期が２０４０年ごろまで続くと予測されている。

ボーナス期は、サーフィンの波に乗っているようなものだ。黙っていても人口は増えるし、労働力が豊富になれば成長力は増し市場も拡大する。新しい製品が開発されれば「生活が便利になる」とどんどん売れ、そこからまた新たな市場創造にもつながっていく。雇用も、よほどの不良社員でなければ終身で確保され、年功序列で給料も増えていく。

一方、オーナス期に入った社会は、少子高齢化で労働集約型産業は成立せず、高学歴化により頭脳労働の比重が増す。新しい製品が開発されても大量生産モデルは成り立たず、そもそも「生活道具は、もう十分ですから」と売れない。生産性は低下するから終身で雇用するのも、年功序列で給料を上げていくのも難しくなる。働く人よりも支えられる人の方が増えるのだから社会保障費は増大し、貯蓄率は低下し、投資率が低下して結果的に成長率を引き下げる。

オーナス期への対策としては、①社会保障を整備して世代間格差をなくす、②女性や高齢者の雇用を促進して労働力率を高める、③労働生産性の上昇策を講じて成長率を維持する、などが提案されている。

噛み砕いて言えば「共・短・多」だ。老若男女が「共に働き」、生産性を高めて「短時間で稼ぎ」、それらのために「多様な価値観」を認め合う。今風に言えば、ダイバーシティーはオーナス期の社会にとって絶対に不可欠な価値観である。

これもまた当たり前のことだが、国民が幸せだと感じる国は、国自身が活性化していなければならない。国の活性化とはやはり民間の企業が、自由な競争の下で経済的な成果を生み出していくことに他ならない。民間活力がなければ国の活力はない、と言っても過言ではないだろう。

にもかかわらず、現在の日本にはどんづまりになっている業界、業態が少なくない。

電機業界では家電の採算が取れず、液晶やLEDなどのパネル開発では後れを取り、半導体では統廃合が繰り返される。総合スーパーでもダイエーはイオンに吸収され、そもそもGMSという業態自体が輝きを失った。マイクロソフトも、「ウィンドウズ」と「オフィス」にあぐらをかいていたらアップルやグーグルに先を行かれ、ぎりぎりのところでCEOが交代し、現在は大転換中だ。

かつてのように営業一本で「頑張ればなんとかなる」と、発破をかければ打開できる状況ではない。ビジネスモデルとしては集約化をベースに、業界構造も含めて全体を俯瞰《ふかん》しながら戦略を立てなければ生き残れない状態にある。

実は本当に危機だと思っていない経営者たち

変化に対応できない企業がどうなってしまうのか。私は、かつて再生に携わったダイエーで、その末路をいやというほど目にしてきた。しかし、多くの企業の経営者にとって、「自分たちの会社もそうなってしまうかもしれない」というほどの強烈な危機感を抱くのは、難しいことかもしれない。もちろん多くの経営者が、「変わらなければいけない」とおっしゃる。だが、「どう変わらなければいけないのか」や「そもそもどうして変わらなければいけないのか」を、心底のところで深く自覚している経営者は多くないように感じるのだ。

別な言い方をすれば、経営者も社員も「長い間、自分で考えることをやめていた。考えずに済んでいた」。そのために変革が難しい状況に日本の会社システムは陥っている。

それほど高度成長期からの日本産業の成功体験は強烈だったのだ。滅私奉公、長時間労働、年功序列、終身雇用という〝生態系（エコシステム）〟から抜け出せない。というよりも固定観念が強烈に根深いのである。ある特定の生態系でずっと生きてくると、別の生態系が存在することすらなかなか理解できない集団になってしまう。

今や3年先の状況も見通せないような時代だ。中期経営計画はつくるものの1年ごとに見直すローリング方式を取り入れる企業が増えてきた。経営者は、ビジネスのトレンドや競争の実態をたえずチェックしながら舵を切らなければ後手に回ってしまう。でありながら、世界の変化が経営に十分に反映されているかといえば、そうではない例が多い。

他社の40代前後の働き盛りの人たちと話していて、「会社を変えようとしても話を聞いてもらえない」という不満をいつも聞かされる。キャリアと実績から、世界の変化を敏感に嗅ぎ取っている世代の問題意識が、会社組織に十分に浸透していかないのだ。「エネルギーだけでなく筋力も落ちてしまう感じ」と愚痴る人もいる。

だからなのか世界に打って出る気概のあるトップは、アメリカなどと比べてみるときわめて少ない。一つの生態系のなかにいると、別の生態系の存在が分からず、自分がどう悪いのかも分からない。

経営トップ自身が、「他社はここまでやっているのか。このままでは本当にまずい」と青ざめるような強烈なショックを受けない限り、変革への取り組みは本物にはなっていかない。それは同じスポーツで田舎ではトップでも、都会の名門校の選手を見たらレベルの違いに腰が抜けたというのと同じような体験が必要なのだ。

私は、競争の激しいＩＴ企業やダイエーという経営破綻した企業の社長を務めてきて、他の生態系に関心を持たなくなった組織がどのように衰退するかをつぶさに見てきた。オーナス期社会というマクロ環境は、企業の病勢を速めこそすれ猶予を与えてくれるものではないのだ。高学歴化社会での頭脳労働者の比率の高まりや、経済成熟に伴う人件費の高騰などは、それだけ企業を厳しい開発競争、コスト競争にさらすのである。

見方を変えればオーナス期とは、トランスフォーメーション（事業の構造的変革）やターンアラウンド（事業再生）が繰り返し求められる時代だ。経営トップがかつての〝島国ニッポン〟のように他の生態系に強い関心と興味を持たないままでガラパゴス化していることと自体が大きな課題だ。

それは裏を返せば、変革のリーダーに求められる資質の大前提がなにであるかを物語っているようにも思う。

変革に乗り遅れれば、今の生活は保証されない

人口オーナス期におけるビジネス競争、つまり高学歴を背景にした知能労働戦が展開され、それに伴ってトランスフォーメーションやターンアラウンドが頻繁に繰り返されるなかで、変革を担っていくリーダーたちに求められる資質、基礎的なリテラシーとはどのよ

うなものだろうか。

具体的に考えてみる前に、オーナス期の成熟した経済社会ならではの現象に触れておきたい。それはリーダーをめざさず、リーダーとしての資質を持たなくてもよい、と考える人たちの出現だ。私のリーダー論の視点は、誰もがトップをめざせ、というものではない。ただ一人ひとりがリーダーとしての資質を備え、組織文化として醸成しなければオーナス期には生き残っていけないと考えているのだ。

オーナス期は成熟した経済社会なので、多様な生き方を実現できるし、許容もされる。そうしたなかで「私はリーダーをめざして仕事をしているのではない」と考える人が現れ、そこまではいかないまでも「会社の幹部になるとしんどそうで、そこそこの給料をいただけるならば自分は平社員のままでいいし、自分が好きな世界を実現できればよい」と考える人が多くなっている。

私も、その価値観を否定するつもりは毛頭ない。ただ一言だけ付け加えたいのは、「そうした姿勢では、望んでいる人生は保証されませんよ」ということだ。なぜならば全員が個のレベルの幸せばかりを追求するようになれば、必然的に会社も社会も活性化せず、事業競争に敗退していくからだ。競争に敗退すれば今の生活は保証されない。

人口ボーナス期であれば黙っていても社会は豊かになっていく。それなりの学歴があり、給料も増えていけば、「まぁ、最低でも部長ぐらいにはなれるだろう」などとご褒美的な将来もあった。運よく役員にでもなれば、経済自体が成長しているのだから大きな変動はなく、つつがなく2期4年を勤め上げれば役員退職の報奨金ももらえた。また、さほど出世をしなくても、「仕事よりも趣味に生きる人生」を続けられた。

しかし人口オーナス期では、蓄積された富を食いつぶしていくだけなので、「いつまでもあると思うなお金と余裕」の状態が必ず出現する。そこがオーナス期の社会の厳しく怖い一面なのだ。にもかかわらず、「いや、給料はそんなにいらないし、出世をしてもなにかと面倒そうで、ましてリーダーになったところで部下のひんしゅくを買うだけのような上司になってしまいそうで」などと考えるのは、オーナス期の厳しさを知らないし、持続的に成長する組織を後輩たちに残していくという意味でも悲しい発想に思えてならない。

キャリアを積めばリーダーとして部下を任される時が必ず来る。それを拒否し続けるのは難しい。なぜならば、その態度は会社に巣食っているだけで、事業の成長に貢献しようとしていないと受け取られても仕方がないからだ。会社は、一人ひとりが能力を発揮して「1＋1」を2にとどまらず3や4にして豊かな暮らしを実現しようとする組織だ。だからこそオーバーに言えば「会社の活性化を拒否している」とも見え得る。

砕けた言い方をすれば、人は他から刺激を受けていなければ活性化しない。自宅で浪人生活を送るよりは予備校に通って優秀な人たちに刺激を受けながら勉強している方が成績もよくなる。「できるならば最高に活力のある集団のなかに身を置いてこそ成長がある」という価値観が標準的で共有されているような社会や企業であれば、自ずと活性化していくものだ。

ダイバーシティーが重要だと腹の底から思うこと

人口オーナス期への対策は「共・短・多」だと紹介した。老若男女が「共に働き」、生産性を高めて「短時間で稼ぎ」、そのために「多様な価値観」を認め合う。なかでも変革期のリーダーとして最も求められる資質が「多」、つまり多様性、ダイバーシティーだ。にもかかわらず日本企業で最もうまくいっていないのがダイバーシティーでもある。

ダイバーシティーは、一義的には女性や高齢者が働きやすい環境を用意するとか、民族や宗教、文化を超えて協調してビジネス競争を勝ち抜くことだといわれる。

オーナス期に入り、頭脳労働のウエートが高まり、イノベーションを起こして付加価値の高いアウトプットを出さなければいけない状況で、肉体労働や単純労働時代のウエートが大きい男性中心経済の発想は見直さなければならない。

男女を問わずできる人が取り組むべき仕事はたくさんあるし、コンシューマー向けの商品を開発している会社であれば需要家の半分は女性なのだから女性の力は不可欠だ。そもそも終身雇用、年功序列の体制のなかからコンシューマーが求める新しい発想の商品がどれだけ生まれてきただろうか。電気器具の扱いが苦手な人には使い切れないようなリモコンをつくるのは技術者としては誇りかもしれないが、そこには生活者という視点はなかった。

人は同質の人たちが集まっていれば心地よいし、そうした組織がずっと続けばさらにいい、となる。だからダイバーシティーは進まず、その発想を根本から変えなければならない状況にさらされているのが今の日本企業、日本社会だ。根本まで遡《さかのぼ》って解釈していく必要がある。

ダイバーシティーが重要なのは、多様性という概念がオーナス期の企業の組織マネジメントに深く関わっているからだ。結論を先に書けば、「ダイバーシティー・アンド・インクルージョン」が重要になってきている。

インクルージョンとは「包含」の意だが、「包容」と理解していいだろう。すでに世界のマネジメントのテーマは、多様性や異質性を認め合うのにとどまらず、多様性や異質性のマネジメントを通じて組織としての力を強め、成果を生み出すマネジメント手法の確立へと踏み込んでいる。

企業のダイバーシティー・アンド・インクルージョンを世の中はしっかりと見ている。監視している、と言ってもいい。今でも「ダイバースなカルチャーにするとなぜ企業は強くなるんだ」と腹に落ちていない経営者はたくさんいる。見るところ、トップの考えの硬直性とインクルージョンの薄さは、ある程度は比例関係にあるように思う。

株主総会などで株主から、「御社でのダイバーシティーへの取り組みを聞きたい」などと質問されると、一応は「社会の情勢も十分に承知しており、当社でも女性管理職比率の向上などに努めてまいりたい」と答えたりする。だが本音では、「なぜ、そんなにこだわるのかなぁ。うちみたいな会社では、女性が活躍できる場はさほどないのだけど」などと思っている。今ある状態を前提に考え、ダイバーシティーという構造を組み込むと事業や経営でどのような未来があるのかを想起できないのだ。

発想の転換ができないのは、根本の根本部分に発想を展開できない塊のような思いや体験があるからではないだろうか。少しきつい言い方をすれば、ビジネス環境の変化に対して経営者がマクロ的でもミクロ的でも時代観や文明観を持っていないことの証左なのではないだろうか。

実際、女性が活躍していたりダイバーシティーに熱心な企業は、例外なく世の中の変化にも感度が高いように思う。

最近、「なんてレベルの高い議論なのだろう」と驚かされたのが資生堂だ。言うまでもなく化粧品の会社だけあって女性たちが開発担当や美容部員として活躍している。女性の管理職比率も30％近いという。子育てとキャリア育成の制度も日本企業のベンチマークになるものばかりだ。

その資生堂で「資生堂ショック」と呼ばれる事態が起きた。短時間勤務を利用して主に早番に入っている子育て中の美容部員にも遅番や休日勤務に入るよう会社が要請したのだ。ネットでは「資生堂ショック」として「子育て社員に厳しい制度改定」と批判されたが、事の真相はそれほど表層的なものではなかった。

子育て中の美容部員をカバーするために独身者や通常勤務をしている人たちの負担が増していた。子育て中の美容部員もまた、お客さまが一番訪れる夕方や休日の勤務をしないために自らのノウハウやキャリア形成に大きな壁を抱え込むような事態になっていたのである。単純に子育て中の女性社員を守るだけではなく、それを支える周囲の社員や完全復帰後の本人のキャリア形成など、まさに新たなマネジメント手法の構築をめざす取り組みであり、ダイバーシティー・アンド・インクルージョンを実現するためのレベルの高い議論だったのだ。

資生堂と同じような悩みを抱えている職場は多い。職場復帰前に先輩がメンターとして付き、スムーズな復帰を実現しようとしている会社も多い。

だからこそマイクロソフトでも、ワークスタイルの変革のためのＩＴツールを開発している。フェイス・トゥー・フェイスにこしたことはないが、ＩＴツールで連絡を取りあったりオンライン会議に参加したりして力を発揮してもらう。復帰する職場と日常的につながっている実感は、なによりも安心感と自信を醸成する。

しかし、お客さまの反応はものの見事に二つに分かれている。「そんなシステムはいらないよ。メールだけあれば十分だよ」というお客さまもいれば、「最先端の仕組みをどんどん使って組織の壁を取り払い、会社を活性化しましょう」というお客さまもいる。後者の反応を示すのは、やはりダイバーシティー感度の高い会社が多い。

オーナス期にあったとしても社会背景や文化の違いによってダイバーシティーをどこまで許容するかには差がある。皮肉にも、そこに着目してできる目いっぱいまでダイバーシティーへの取り組みを遅らせる会社もある。そういうガバナンスの効かせ方もあるのだ。しかしそれは、そういうやり方が「ある」というだけの話であって、ほとんどの業界で長期的には変革のためのマネジメントにも競争優位にも企業の信頼にもつながらないガバナンスであるにすぎない。

例えばスポーツの世界では、かつては指導者の選手への体罰は当たり前として受容されてきた。しかし時代が変わり、今は許されない。体罰で人を育てるという考え方自体が許されないのだ。そうなれば必然的にリーダーシップのスタイルも変わらざるを得ない。ダイバーシティーは、多様性の受け入れから、多様性をバネにした価値の創造へと変わっている。変革期のリーダーにとってダイバーシティー・アンド・インクルージョンへの理解、さらに肉体化は絶対に欠かせない取り組みだ。

戦略性の高い人、実行力の高い人

ちょっとビジネススクール的な言い方になるが、事業には「ストラテジー（戦略）」と「エグゼキューション（実行）」という二つのステージがある。

例えばマイクロソフトのソフトウエアのように、直接材料費はきわめて低いが研究・開発に巨額の費用を要するビジネスでは、それだけに他社と差別化できる要素がたくさんあるが、ストラテジー、つまり戦略性が非常に大事になる。また創薬も同じように研究・開発の方向性やプライオリティーを間違えると多額の損失につながる。それだけ戦略性が高い。

一方、コモディティーの小売りなどではエグゼキューション、つまり組織の実行力が業績を大きく左右する。接客態度、お店の清潔度などベーシックなものの積み重ねで競争力を維持している。組織力そのものと言ってもよいかもしれない。

ところが現代は、ストラテジーもエグゼキューションも両方を転換しなければならない事態が頻発している。変革期のリーダーにとって最も難しい課題だ。

例えば、メーカーにおいて、新技術の潮流により、製品戦略というストラテジーの転換を余儀なくされる場合、組織体制や、売り方、チャネルなどが、そのままでいいのであれば問題ない。しかし、製品戦略の転換と共に、例えば売り切りモデルから月額課金モデルに変更するなど、ビジネスモデル全体が変わってしまう場合、さらには、人材に求められるスキル、組織体制、売り方やチャネルまでも方向転換が必要になる場合、変革の難易度は極めて高くなる。

実は戦略性の高い人と実行力・現場力が高い人では求められる能力は二律背反だ。現場力が高い人は、現場が大好きで義理人情に厚く、「俺についてこい」で人を導く。一方、戦略性の高い人は現場との親和性が低いことが多い。両方の能力を身につけているリーダーは滅多にいない。

しかし相矛盾する両方が一人のリーダーのなかで自己完結していないと変革は進まな

い。なぜならば戦略を理解して現場に入り、「あの人の言うことならばやってみよう」と信頼してもらえなければ大規模な変革は実を結ばないのである。アメリカならばトップダウンでガツンとやり切ってしまうだろうが、日本の場合は、現場の人が「腹落ち」しないと絶対に動いてもらえない。

ダイエー再建の現場がそうだった。ダイエーはまさにエグゼキューションの職場であり、そこで戦略的な取り組みを理解してもらいながら再建を加速するのは容易ではない。しかもお店は北海道から沖縄まであり、本部から遠いお店ほど取り組みに対しても距離感が大きかった。しかし遠い現場こそ腹に落ちて動いてくれないと再建は進まない。

小学校のときの放課後の掃除で、先生がいなくなるとサボりだす子が必ずいた。ダイエーも同じで、本部から遠いと目が届かないので「まぁ、いいんじゃないの」となってしまう。そうではなく、「なぜこれをやらなければならないのか」「なんのためにやるのか」を何度も何度も説明して腹落ちさせ、自律的な行動へ移し替えていくのがマネジメントの重要課題になっていた。

オーナス期には大学卒業者の数が増えるように平均学歴が高まり、インテリジェントな仕事も増えている。となれば「お前はネジだけ回し続けてくれればよい」とはならない。

仕事の意味、戦略性、実行の重要性が腹に落ちていないと変革は進まないし、インクルージョンが狙うところの多様性を起爆剤にした新たな価値の創造は実現しないのである。

私も素の顔と演技を使い分けてきた

これは私の経験によるものでもあるのだが、戦略性と現場力を融合していくために、リーダーには自分の「素のキャラクター」でやる部分と「演じる」部分の両方がある。素だけで全部いけるというのは、実はない。

素とは、自分の好奇心に従ってやり抜くことであり、それでは公平性が欠けたり戦略に偏りができてしまったりする。人事もひいきになってしまう。一方で、素は部下のモチベーションと深く絡んでいて、部屋に入って来ただけで「うわーっ、元気出る！」と言ってもらえるようなキャラは、やはりご本人の徳なのだ。

私はといえば、人前で喋るのが苦手で、プラモデルをつくり始めれば家族と一日中、口をきかなくても済むような気質がある。だからといって廊下を下を向いて歩いているわけにはいかない。社員とすれ違うときには、「おっ、頑張ってくれよ」と明るく声を出さなければならない。芸能人でも、カメラが回り出すととたんにテンションが上がり、ストップすると暗そうな顔に戻る人がいるという。

組織力とは、ベクトルが合い、組織という生態が活性化していなければ出てこない。活性化していればコミュニケーションの仕方でも部下へのパワーの与え方でも効率的になってくる。だからこそリーダーは、効率的なコミュニケーションとはなにか、よい所作とはなにかを考え、演じてみせなければいけない。

リーダーの資質の一つとして「素と演技」を考えるようになったのもダイエーの経験が大きかった。ダイエーで私は、素50、演技50だった。例えば社長時代には、閉店するお店の閉店日には秘書も同行させず一人で訪問した。再生機構の人たちからは、「今さら閉店する店を訪ねてどうするんだ」と言われたが、自分自身の気持ちが許さなかった。

閉店日には行く先々でパートのおばさんたちに「なぜ店を潰すのですか」と泣かれ、点在する閉鎖店舗訪問は、再生施策の実行能率を悪くするばかりだったが、一方で社員は「この悔しさを次に生かしてみせる」と悲愴な決意で盛り上がっていたりもする。閉店日の訪問は、社長が直に社員たちにお詫びの気持ちを伝えると同時に、再生に向けた決意を語り、ベクトルをつくる作業でもあると確信していた。つまり個人的な素の正義感と、社長としての現場へのメッセージを浸透させる演技が共存していたのだ。

さらにダイエーの経験では、変革期のリーダーは、「私たちは、このような姿の会社になるのだ」というめざすべきモデルをしっかりとつくっておかなければならないことを教えられた。現状と、目的とする変わるべき姿の差分はなにか。それが変えるためのドライバー、取り組みのポイントになっていく。

変革は、財務的に損益計算書や貸借対照表の中身をよくするだけの話ではない。変革方針は、リーダーシップのあり方や事業ポートフォリオのあり方など多岐にわたっている。それらには戦略性や知能的な部分で、ある程度は達成できる部分も多い。

だがなによりも大事なのは、それを実践するのは人であるということだ。設計図を描くのはリーダーの役割だ。しかし強い組織は、それを現場の一人ひとりが書け、かつ実践できるのだ。「ここに行く」という方針が明確に浸透し、リーダーと共に現場の人も「こういう道がある」と提案でき実践できる。その現場の腹落ち感が強いほど変革はうまくいく。

その上で、実践する人たちに向かい合うとき、情熱と冷静さをどう共存させていくかもリーダーの悩みの一つになる。

役員チームをつくり、スタッフを揃えて取り組み体制を整え、彼らのモチベーションを高めて組織力を強くしていくのはトップ自身だ。そのときにトップやリーダーにどれだけパッション、つまり情熱があるか。それ次第で、スピード感も組織のギアの入り方もまったく変わってくる。

髪振り乱して一心不乱に仕事に挑んでいくリーダーの姿は一見、美しい。だが意気に反応した部下たちが「社長、これも」「部長、これも」と言ってきたら収拾がつかなくなってしまう。つまりなににフォーカスを当て、優先順位をいかにつけるかもリーダーの重要な資質になる。

グラフで言えば縦軸と横軸だ。パッションの強さとフォーカスがきっちりと戦略的に整理されていないと前に進まない。戦略性がなければ髪を振り乱しているだけで、ふと我に返ればなにもできていないのに気がつかされる。逆に、フォーカスばかりだと完全に評論家状態になってしまい、これもまたなにもできていない。

結局は、素や演技と同じで、パッションとフォーカスもまた使い分けられなければいけない。こう言ってしまうと身も蓋もないけれど、その使い分けはサイエンスというよりはアートに近いものなのかもしれない。

伸びる人と伸び悩む人の違いはどこにあるのか

マイクロソフトにおける階層別研修のなかでもリーダー力の育成を目的とする研修では、役員が自分の経験を話して暗黙知を伝授するような講座が多い。

私は、「マネジャークラスになり5人の部下を持つのと50人の部下を持つのでは、あなたのトゥ・ドゥ・リストは自ずと変わりますよ。それを強く意識してください」と語っている。つまり、自分自身でトゥ・ドゥ・リストをつくり、そこに書き記された仕事（項目）を部下に託した場合、託したらすぐにリストから消せるようなマネジメント力を身につけてほしいのである。部下に託した仕事を、部下が完了するまでリストから消せないようでいるのはマネジメントになっていない証左だ。

仕事人としての「スケーラブル」「拡張可能性」と言ってもよいかもしれない。部下を信頼して仕事を任せられるのは、仕事を託そうとするその人自身の器の大きさ、部下から得ている信頼、部下の能力を評価する冷静な目、そして仕事や人生にどんな哲学を持っているかなどが複合的に絡み合って成し得るものだ。

だからこそ拡張可能性のないリーダーでは、逐一部下に指示を与えなければ部下は動かないし、逆に拡張可能性の高いリーダーはチームメンバーが思いを察してさっさと動く。それが組織力でもあるのだが、そこで何人の人間たちを動かしていけるか。そこに課長で終わる人、部長で終わる人、社長になる人の差がある。

拡張可能性の高いリーダーになってほしいがために研修にも力を入れる。しかし残念ながら伸びる人がいる一方で、伸び悩む人も多い。その違いはどこにあるのだろうか。

お坊ちゃん、お嬢ちゃんで育ち、苦労知らずで世間知らずという人は論外。極端にセンスのない発言をする人、極端に思いやりのない発言をする人も論外だ。そういう人たちは成長しない。当たり前のことだが、どれだけいろいろなことに臨み、苦しい経験を重ね、そのなかで悩み、考え続けてきたかが、しっかりとした土台になっている人は伸びる。これは、育ってきた経済的な裕福さの差ではない。

戦略を練って紙にまとめるのが仕事であれば大学の先生にもコンサルタントにもなれる。しかしビジネスの現場は、人が動いてなんぼである。

人の上に立って部下たちを導くには、別の資質がいる。例えば部下たちが悩んでいる問題は、たいていが自分も経験してきたような問題だ。悩みを聞き、問題の本質を見抜き、「今から思えば、若いときにはこうすればよかった。君はそこから始めてみなさい」という〝進化のタネ〟を受け渡せるか。ここがリーダーのリーダーたる所以になる。

そのためには年齢や性別に関係なく耳を傾けられる、まさにダイバーシティーと包容力が必要になる。

選手としては平凡だったが監督としてはすごく優秀な人がいる。かつての近鉄バファローズの西本幸雄監督やオリックスの仰木彬監督のような人たちだ。その気質を見ると、選手（他人）のことを理解できる素地は誰よりももっている。と同時に、選手たちが監督である自分を理解できるような素地、つまり方針や言葉の分かりやすさ、さらには選手が「監督はこんな人だよね」と明確に言えるような気質を持っている。おそらく苦労する意味とは、人を理解するだけでなく、自分も分かってもらえるような気質を育てる点にあるのではないだろうか。

自己完結できなければ、リーダーにはなれない

リーダーに求められる資質や能力は、本当に変わってきた。リーダーのなかのリーダーである経営トップの資質に関しては、私には一つの持論がある。

「トップに経営のすべてが集約されていないと経営はうまくいかない」だ。

よくトップの方が、「僕はＩＴの分野は全然分からないから」とか「いや、大丈夫。当社には専門家が付いているから」などと言う。確かに水戸黄門の助さん、格さんのごとき専門家がトップに寄り添い、補っているケースは多い。

しかし、それでもなおトップには専門分野を理解できる素地がなければ、その分野のビジネスはうまく回らないし事業スピードはスローダウンする。専門家に比べれば中身は薄いかもしれないが、トップという一人の人間の中でさまざまな課題や戦略が自己完結でき

るようになっていなければ事業を成長させるのは難しい。

なぜならば経営においては、すべての業務がファンダメンタルなものであり、重要なエレメントになっているからだ。

かつては営業一本槍で、とにかく売上高を増やすのに専念し、経理は担当者に任せきりにできた時代があった。若い人たちには古臭い話に思えるだろうが、日本の高度成長を描いた植木等の『無責任男』シリーズや森繁久彌の『社長太平記』シリーズを見れば、ものを売ることがいかに大事で、同時にそれだけで完結していたことが分かるだろう。

しかし今は、営業も経理も財務も技術も開発も調達も生産も人事も、会社のあらゆる業務が戦略的に織をなして事業の成果が生み出される時代だ。売上が増えなくても調達や財務で利益を生み出す。為替相場によって利益がぶれるのをいかに抑えるか。また、売上が増えて利益も増やし、株主への配当も増やしたが、たった一つの不祥事や顧客対応、広報のミスなどで会社の信用ががた落ちになったりする。そういうケースを、ここ数年、私たちはいくつも見てきた。つまり私たちは今、組織横断的総合戦ともいえる大きく、かつセンシティブな戦いを繰り広げているのである。

トップは、ファンダメンタルなものについて知識量は薄くても、その本質を理解する力は備えていなければならない。私が「自己完結」という言葉に託すのはそのような意味だ。

それはトップの「直感的に理解する力」「理解力の幅」、ひいては「人徳」と言い換えてもいいように思う。これがなければ会社全体は敏速に動かない。

「僕には分からないから高橋常務に相談して。あっ、田中専務にも顔を立てておいてね」では、部下は判断の指針を持ち得ない。モチベーションもがたがたになってしまう。少なくとも、「僕は、この方向性でいくべきだろうと思う。詳細は田中専務と詰めてくれ」と言えるぐらいの自己完結性が不可欠だ。

権力と影響力を備えているのがトップだからこそ、ガバナンスが効く。組織をつなげることもできる。当然、オーナー企業であればすべてをトップが決められる。一方、オーナー企業でなくても自己完結しているトップがいればガバナンスは効く。しかしトップがガバナンス力を持ち得ていなければ、トップのEQ＝人間力への依存度が高まってしまう。

「懐が深く、社員にも目配りが効いてご自身で判断します」などというEQ依存度が高まれば高まるほど、実はトップについて一所懸命に働く人と働かない人の差が歴然としてくる。それはガバナンスの効き方にムラが出るということである。

もう一つ、1章でも述べたとおり、「経営トップはルーターでなければならない」とも思っている。

速度がものすごく遅いルーターであれば周囲からいろいろな信号が届いても処理が追いつかない。あるいは信号を受け付けられなくなると、そこで処理は頓挫してしまう。判断や意思決定も遅くなる。一方、非常に高速でインテリジェントなルーターであれば、いろいろな信号を機動的に処理できるし、信号処理の仕方が違ってもスイッチングのロスもなく処理できる。つまり帯域幅の広さのようなものだ。

時代は否応なしにスピード感を増している。トップはたくさんのテーマ、課題に対して俊敏に的確に判断を下していかなければならない。高速でインテリジェントなルーターであるのは、もはやトップの重要で不可欠なＩＱになっていると感じるのである。

インテルの社長と会長を長年務めたアンドリュー・グローブは、「パラノイアでなければ生き残れない」と語ったことがある。病的なまでにさまざまなテーマに恐れを抱くほどに反応していく。そういう感性がなければシリコンバレーでは生き残れない、と言うのである。実際、今アメリカで活躍しているアマゾン創業者のジェフ・ベゾス、スペースＸ創業者のイーロン・マスクなどを見ていると、グローブの言う意味も分かるのだ。

しかもグローブの危機感は、技術革新のスピードが速いＩＴ世界に限った話ではなく、あらゆる業種、業態で同じような状況が出現している。ベゾスやマスクから誰もが見習えるリーダー論を導き出すのは難しいが、彼らが身をもって示してくれている変化への身構えは無視できないのである。

本章のまとめ

読者のみなさんになぜ、「変革のリーダー」としての自覚を持ってほしいと考えているか、ご理解いただけただろうか。人口オーナス期の日本では、変革し続けなければ現状維持すら難しいからだ。

本章の最後に改めて強調しておきたいのは、自分の世界に閉じこもらず、広い視野をもってほしい、ということだ。違う生態系の会社にふれ、ショックを受ける。多様なバックグラウンドの人たちと共に働き、刺激を受ける。そうした経験を経てはじめて、改めて自社と自分の立ち位置が理解でき、変化の必要性を腹落ちできるはずだ。

カリスマ創業者の武勇伝では得られない発見が、そこにはあるかもしれない。

第3章

なぜ、組織を変え続けるのか？

——変革をマネジメントするということ

「プロ経営者」は、企業の変革を求められてその任に就くことが多い。社内の論理で出世してきた内部人材ではなく、いきなり外部の〝劇薬〟を注入することで一気に変革を進めようという目論見がそこにはある。

私がダイエーで経験したような破綻企業の改革、HP時代のM&Aといった大きな話だけではなく、会社組織というものは変え続けなければやがて衰退への途を転がり落ちてしまう。

組織を変えるときに、なにが起こるのか。どんなリーダーシップが必要になるのか。この章では、私の体験に基づく「組織変革のリーダー論」について語ってみたい。

「再編」が当たり前に起こる時代

ピーク時よりは減っているものの、日本企業に絡むM＆Aは年間２千数百件規模の多さで続いているという。規模は大きくないが、事業承継に苦労している中小企業や事業拡大を図るeコマース企業などがM＆Aを活用する動きも活発になっており、日本においてもM＆Aは当たり前の経営手法になった。

言い換えれば「会社再編・事業再編は当然のこと」とした経営リーダーのマネジメント能力が問われるようにもなってきている。ここで言う「再編」とは、M＆Aに限定されるものではない。M＆Aによる合併・統合の効果を高めるための「ポスト・マージャー・インテグレーション」だけでなく、経営不振や破綻に直面している企業の再建をめざす「ターンアラウンド」、そして成熟企業の持続的な成長に向けた新たな「トランスフォーメーション」なども再編であり、現代の経営リーダーにはどの局面においても対応できるマルチな能力が求められている。

さらに言えば働く人たちにも、「会社再編・事業再編は当たり前に起こることだ」という前提での働き方が必要になってきている。

Microsoft

大手企業に就職したからといって一生安泰な時代ではない。むしろ、一つの事業への依存度が高い大企業のほうがリスクが高い、というケースも今後は多いだろうと思われる。新聞には毎日のように事業再編や会社統合のニュースが掲載されている。これに伴う人事異動（出向・転籍）はもちろん、人員整理も日常茶飯になっている。逆に「中小企業だから」と悲観する状況にもない。突出した技術やノウハウがあれば業界再編でキャスティングボートを握れるようにもなってきた。

事業再編・会社統合が当たり前の時代に、経営リーダーは、いかなるリーダーシップやマネジメント力を発揮しているのだろうか。また、それを実現するためにどのような自己変革に取り組んでいるのだろうか。私が経験したことのなかにも、再編時代の経営リーダーのマネジメントや振る舞いを考える手だてとなるできごとがたくさんあった。

「コンパックがHPに買収されます！」

M&Aに伴うリーダーマネジメントの重要性を強烈に学んだのが、2002年のヒューレット・パッカード（HP）による250億ドルを投じたコンパックの買収だった。HPは、UNIX機やプリンターなどで高いシェアを持っていた。一方コンパックは、パソコン分野で大量生産型製品を持ち、かつて吸収合併したタンデム・コンピュータから継承した大型コンピュータにも強い。ＨＰのＭ＆Ａの狙いは明確で、重複領域の少ない相互補完的で理想的なＩＴ企業を創造できるというものだった。

当時の売上高はＨＰが４７０億ドル、コンパックが４０４億ドル。両社が合併すれば売上高は単純合計で８７４億ドルになる。社員数は14万５０００人で、世界のネットワークも１６０カ国に広がる。売上高では、世界最大のＩＢＭの９００億ドルと並ぶ。合併によるコスト削減効果は年間25億ドルが見込まれるという巨大合併だった。

合併には、「相互補完的で理想的な合併だ」と評価する声がある半面、「図体の大きさと企業文化の違いから統合は困難な作業になるだろう」という懸念の声もあった。実際、懸念の声の方が強く、２００１年９月に合併が報道されるとＨＰの株価は発表後わずか２日で21％下落し、買収されるコンパックの株価は16％下落した。

確かに統合作業は複雑になると思われた。なにしろ両社の企業文化があまりにも違いすぎたのである。ＨＰには、「ＨＰウェイ」という理念に象徴される企業文化があった。企業と社員が目標や利益、成長する機会、負担などを共有し合い、それを理念に終わらせず制度に落とし込んでいた。それがＨＰの強さの源泉にもなっていた。創業者の一人であるデビッド・パッカードの「人々には、各々の担当領域にとって最適と思えるやり方で、目標に向かって努力する自由がある。これは分権化の理念であり、自由企業の本質である」という言葉のとおり、権限委譲と共有の体制が徹底されていた。

ただ1990年代半ばから「変化への対応」で後塵を拝し、大胆なイノベーションに踏み切れずにいた。そのために強みを持つUNIX機市場では、台頭するインターネット分野でサン・マイクロシステムズ（オラクルに買収）にシェアを奪われ、業績目標が未達の時期が続くので「グレー・レディー（老婆）」と陰口を叩かれるほど成長に陰りが見えていた。

この状況を打破するためにスカウトされたのがカーリー・フィオリーナで、彼女はCEOに就任するや事業部の統廃合を通して強力な中央集権体制を構築するなど矢継ぎ早にHPの改革を断行していた。

一方コンパックは、創業以来、低価格を武器にしたPC／AT互換機の販売で急成長を遂げ、94年に販売シェアでIBMを抜いてトップに立つと、その差をぐいぐいと広げていた。ウィンドウズのマイクロソフト、ペンティアムのインテルですら次期バージョンの開発方針を立てる際にはコンパックに相談するほどの存在感を示していた。

パソコンを、「純然たるビジネス」としてとらえ、いかに効率的に製品を投入し利益を生み出すかという一点に経営資源を集中していた。アップルのクリエイティビティを第一義とする経営とは好対照をなす経営思想だった。

コンパックは、97年には無停止コンピュータのタンデムを、翌98年にはミニコンピュータの先駆であったディジタル・イクイップメント・コーポレーション（デック）を相次いで買収してパソコンから大型コンピュータまでの幅広い品揃え体制をつくりあげていた。

しかし主力事業であるパソコンの販売で、２００１年第１四半期にデルに世界トップの座を奪われるなど業績は踊り場にさしかかっていた。会社をリードしていたのはＣＥＯのマイケル・カペラスだ。

両社とも合併を志向する下地はあった。しかし、正式発表から合併までの道のりは、世間の予想通りに険しかった。ＨＰの創業家が反対したり、存続会社となる新生ＨＰの独走を懸念して米連邦証券取引委員会から横やりが入るなど数々の障害が生じた。しかしマイケル・カペラスとカーリー・フィオリーナの両ＣＥＯの強力なリーダーシップの下で合併準備は粛々と進められた。

私がコンパックの日本法人に入社したのは１９９７年のことで、合併報道があったときは、米国本社で10カ月をかけた企業向けビジネスのエグゼクティブ・トレーニングを受けていた最中だった。日本の部下から「樋口さん、コンパックがＨＰに買収される、とニュースで流れています！」と連絡を受けたときは、「コンパックがＨＰを買収する、の間違いではないか」と思ったことを覚えている。それほどM&Aなどという機動的な戦略は、コンパックの方が体質的に合っていると思っていたのだ。そして私自身も、伝統があり研究開発色の強いHPと、動きが速く現実志向のコンパックが合併し、果たしてうまく融合できるだろうかと漠然とした不安を感じていた。

両社の合併期日は2002年5月とされた。結果的に、両CEOの主導による合併作業と、合併後の統合効果を高めるためのポスト・マージャー・インテグレーションは、「見事」としか言いようのないものとなった。

社内政治が入り込む余地は徹底的に排除せよ

私がコンパックに入社した当時の日本法人の社員数は約250人で、「ツー」と言えば「カー」と返ってくるような小さな会社だった。その後、社員数は増えていたものの、HPの日本法人との合併により売上高約3700億円、社員数6000人の新会社が誕生する。外資系の現地法人同士の統合とはいえ、それ自体が大きな企業統合だった。

合併作業のマネジメントでまず感心させられたのが、「クリーンルーム」という合併準備室を軸にした活動だ。クリーンルームをヘッドクオーターとして、その下に両社の若手の精鋭社員を集めて運営方針や製品ラインの統合、組織体系などをテーマとする分科会を設けて合併後のあり方を検討する。これが親会社だけでなく全世界の現地法人同士でも展開されるのだ。

その検討アプローチは、「アダプト・アンド・ゴー」を原則としていた。「Adapt」とは適応したり順応したりして前進するという意。一番根っこのポリシーをA社のやり方かB社のやり方かと選ぶときに、よい方を柔軟に採用するもので、それを若手が中心になって選ぶのである。たすき掛け的なことはいっさい許さない。

当然ながらA社かB社のどちらかに偏るケースもあるし、同じテーマでも日本ではA社の方式を採用し、インドではB社の方式を採用するかもしれない。しかし、それは全体最適を阻害しない限り、構わないのである。その国に合ったやり方をより素晴らしく実現しているのであれば、その国で実績を挙げやすい。そう割り切ってしまうのである。

政治的な配慮で、「ここはA社、こちらはB社」などとやっていては合併効果を減衰させる。また「Aでもない、Bでもない、両方のよいところを取ったCにしましょう」というといとこ取りは後からやればいい。こういう考え方、割り切りが徹底しているのである。

日本法人同士でも双方から30数名の若手社員を出し、アダプト・アンド・ゴーで徹底した議論が繰り返された。例えば、組織デザインの場合、本社からおりてくる組織の青写真を下に、日本法人に適した形の「あるべき組織」をつくる。その際には、それぞれの箱に入る社員の固有名詞は一切忘れてつくるわけだが、後に、それぞれに人材を当てはめるときに、どこにも当てはまらない人材は不要ということになる。また、競合する製品を2社が作っている場合、基本的にシェアが高く、競争力のある製品の方を継続製品として選び、選ばれなかった方の製品は、製造・販売中止となる。しがらみなく、ドライにプランをしていくわけである。

次はオフィスの統合である。日本法人の場合、コンパックの本拠地は天王洲にあり、HPのそれは市ヶ谷と高井戸にあった。またコンパックがかつて吸収合併したデックのオフィスが荻窪に残っていた。そこで天王洲と市ヶ谷から半分ずつの社員が異動し、高井戸と荻窪でも人事交流がなされた。

日本法人同士の合併は親会社の合併から半年遅れの2002年11月とされたが、8月には先行して営業部門が統合された。

どのようなM&Aや合併でも、事業や組織の再編・整理に内部エネルギーを奪われて、私の感覚では合併から1年半ぐらいは停滞を余儀なくされる。それでフルスロットルに入れる合併はよい方で、再編・整理に手こずり、たすき掛け人事に象徴されるような調整局面が長びけば、合併効果が出てくるのに5～6年はかかる。ビジネス環境が1年先も見通せなくなっているような時代にあって、スタートダッシュが効かないようではM&Aや合併に踏み切った意味はない。それを踏まえてのクリーンルームであり、アダプト・アンド・ゴーなのである。

親会社の合併初日。なによりも驚かされたのがメールシステムの統合だった。新生HPの世界14万5000人の社員が同じドメインのメールアドレスで通じるようになっていたのである。

なぜこれがすごいことなのかは、ちょっと想像しにくいかもしれない。ただ私たちは法人向けのサーバーの営業を担当してきたからこそ分かるし、また合併を経験したことのある人ならば、それがいかに困難なテーマであるかをご理解いただけるだろう。合併合意の発表から8カ月足らずほどで15万人弱の社員のメールシステムを別会社のまま構築するのはただごとではないのである。

実際、ドメインは同じだったが、よくよく見れば旧HP社員の名前部分は大文字で、旧コンパック社員は頭文字以外は小文字という違いがあった。メールシステムだけでも、それぐらい完全統合に至るには長い道筋が必要だ。ドメインの統合だけでも、あっぱれなできごとなのだった。

そもそもクリーンルームやアダプト・アンド・ゴーなどの合併手法はコンパックが備えていたものだった。コンパックはタンデムやデックの相次ぐ買収を通して「M&Aに伴うマネジメント」を独自に蓄積していた。これがHPとの合併でも大いに活用された。

こういう手法が編み出されてきた理由は、実にシンプルで明快なマネジメント観によるものだ。つまり、「合併に伴う旧社同士のいがみ合いが出るのは当然である」と考えられてきたからである。企業カルチャーの違いは当然あり、意味もなく「自分たちのやってきたやり方が正しい」と考えるのも人の〝業〟のようなものである。

だからHPとの合併において世間が危惧した企業文化の違いも、「それは当然のことである。だからこそ合併する意味があるし、統合のマネジメントもあるのだ」と胸を張って言えるほどだった。

さらに「事業はどのように統合されるのか」、間接部門である総務や人事、経理などの部門では「どちらの人間が会社に残れるのか」などと社員は戦々恐々になっている。こうした不安が出ることも熟知していた。

こうした企業文化の違いや不安を解消するには、「どちらの会社の出身かの痕跡はすべてなくすのが即効的かつ最も重要な取り組み」であるのを分かっていた。砕けた言い方をすれば、合併時のポスト・マージャー・インテグレーションでは、同一事業であれば「ごちゃごちゃにしてしまう」のが、なによりも肝要なマネジメントだと分かっていたのだ。

ここには、きれいごとはいっさいない。合併や統合で生じるであろう混乱を当たり前と受け止め、それをあいまいにせず真っ向からマネジメントの課題として取り組む。ドライというよりもリアルだ。

日本企業の合併やM＆Aとは真逆と言ってよい。「互いの顔を立てて」とか「相和して」などという穏便さは所期の目的の実現を遅らせるものでしかないのだ。言葉を換えれば社内政治が入り込む余地を徹底的に排除するマネジメントだともいえる。

仮想敵をつくって結束を高める

一連の取り組みに最初に反応し、合併効果を見せてくれるのが営業やマーケティングだ。特に営業は早い。なぜかといえば、「お客さまという仮想敵」がいると、とにかく戦わねばならず、いがみ合ってなどいられないのである。逆に一番遅く融和するのがバックエンド系のサポートや経理、人事などの部署だ。業務スタイルや手法に固執して組織を統合してもなかなか一つにならない。

人間の心理とは本当に複雑で愉快で、見ようによってはくだらなくもある。「敵の敵は味方」であるという論法や「仮想敵」という存在は、メンバーの気持ちをまとめるのにはもってこいのものなのである。

余談になるが、何度か合併を繰り返してきた会社では、合併を繰り返すたびに社員の結束が固まるという珍妙な現象が生まれる。

楽屋話になるが、コンパックがタンデムを買収したとき、コンパックはパソコンカルチャーであり、タンデムはメインフレームカルチャーで両社の気質は正反対だった。そうすると当然ながら合併してもしっくりとしなかった。日本法人ではタンデム側の社長が合併会社の社長に就いたのだが、「タンデムは買収されたが、日本法人はタンデム流に染める。〝タンデムコンパック〟にしてみせる」と入れ込んでしまった。トップがそういう姿勢だから現場は余計にいがみ合い、仕事を押しつけ合うような事態も生まれた。

ところが次にデックを買収したときには、今までいがみ合っていたのが嘘のように、「デックのやり方はまずいよね」などと仲よく話し合っている。当然、デックの出身者は面白くない。そしてHPとの合併である。デックへの批判などどこかに雲散霧消してしまい、「HPのやり方はちょっと違うよね」と仲よくなってしまった。

仮想敵ができると人はまとまる。人とはそういうものなのだ。それを逆手にとって組織をまとめようとするリーダーもいるが、私は邪道だと思うし、私ならばそのような手法は使わない。しかし、人にはそのような、なんとも致し方ない部分があることだけは忘れてはならないのだ。

だからこそシャッフルしてしまう。アダプト・アンド・ゴーしかり、オフィス統合しかり、メールシステムの統合しかり。そのいずれもが何気なく単純な取り組みのように見える。しかし「たかがメール」「たかがオフィス」でありながら、「されどメール」「されどオフィス」といった重要なものなのである。

シャッフルする仕組みは、賢者のマネジメントと言ってもよいと思うのだ。

閑話休題。私自身も、企業文化の違いをどのように融合するかについては悩んでいた。合併作業が進むなかでアメリカでの10カ月に及ぶ研修を終えて帰国すると、インダストリー・スタンダード・サーバー（ISサーバー）の統括本部長に就任した。ISサーバーとはパソコンの技術をサーバーに応用した製品で、一般的には「PCサーバー」と呼ばれていた。大量生産型のパソコンの技術や部品を使うことでコストを抑えながら、一般のパソコンよりも信頼性を高めて企業の利用に耐え得るように設計された低価格帯の製品だ。

新生HPのサーバー事業では、競合製品であった旧コンパックの「プロライアント」製品群と旧HPの「ネットサーバー」製品群を、世界的にみてシェアが高くて利幅も大きい「プロライアント」に統合し、「ネットサーバー」は廃することになった。つまりサーバー事業では、買収された側のコンパックの製品群が生き残った形になった。

日本でも両社のサーバー部隊が統合されて一つのチームになった。サーバー部隊でも企業文化の違いは明確だった。サーバーという製品は同じでも両社の仕事のプロセスや制度は異なり、提案書の書式一つ、取引先への伝票一つをとっても異なっている。メンバーからすれば戸惑うことばかりで、放っておくと旧社の仲間で固まり、自分たちの文化を肯定し始める。早急な対策が必要だった。

私がやったことの第一は、「不公平感をなくす」だった。アダプト・アンド・ゴーを基本にしたが、現実的に「よいやり方」についての正確な基準があるわけでもなく、「えい、や」と決め打ちしなければならないときも多い。そういうときに、これまでとは違う方式に変えられたメンバーは、微妙にストレスをため込んでいく。ストレスが積み重なっていくと、気がついたときには組織が慢性的な機能不全に陥ってしまうのだ。

いろいろと考えあぐねた末に、旧HPの社員や販売代理店に十分に配慮することにした。旧HPの社員にすれば自分たちが手がけてきたサーバー製品がなくなることに忸怩《じくじ》たる思いもある。それを、「事業方針で決まったことだ」という理屈だけで押し通すのは彼らのストレスを強めるだけでしかなかった。

できるだけ営業担当者と同行して旧HPの販売代理店を訪ね、「これからも変わらないお取引を」とお願いした。「むげにしない」とのメッセージを泥臭く発信し続けた。また品質問題では、意識的にHP製品を優先して解決するような流れもつくった。サーバーやパソコンは、今後はすべてコンパック製に移し替えていくのだが、極端なときはすべてを無料でコンパック製に置き換えさせてもらった。

「そこまでHPを優遇して逆差別じゃないですか」とプンプンしている部下もいたが、これぐらいやらないと製品群をなくした側には「公平」という実感を浸透させられないのである。

旧HP系の販売代理店さんに安心感が広がっていくことが、日本HPの組織融合にも反映していった。代理店さんが、「品質問題にもきっちりと対応してくれるのだ」「サポート切れになるけれども、それはきっちりとコンパック製品に置き換えてくれるのだ」などと確信して安心を口にすると、旧HPの営業マンたちも安心し、新しい歩みを始めるようになるのだった。

「達成できなければ、社長を辞める」宣言の真意

私は新生日本HPが誕生した翌春に社長に就任した。就任要請は私には意外なものだっ

たが、社歴が短いが故に「しがらみのない奴がシャッフル効果を高めろ」との狙いであろうと考えて受諾した。

社長に就任すると、全社員を前に40分をかけて新しい方針を説明した。「社員がいきいきと働くことができ、かつ、その能力をフルに発揮し、日本市場に根ざした経営で、お客さまに大きな付加価値を提供できる姿をめざす」というビジョンと、ビジョンを実現するための5つのスローガンを掲げた。具体的には、赤字続きだった法人向けのエンタープライズ部門の改革が急務であり、そのために「HPアダプティブ・エンタープライズ」というコンセプトを示した。これを、「旧HPでも旧コンパックでも取り組まれていなかった、新生HPとして一体で取り組まなければならないテーマだ」と訴えた。

その趣旨は、顧客企業に対して将来のビジネス環境の変化に俊敏に対応できるトータル・ソリューションを提供し、ITの投資効果の改善を担保する日本HPならではの高付加価値サービスというものだ。それまでコスト、品質、リスクの三軸でIT投資を考えてきた顧客企業に「俊敏性」と「高信頼性」、つまりコンパックとHPの優れた技量を合わせたサービスを提供する。顧客の望みどおりのものをつくるのではなく、顧客の要望の一歩先を行く提案をする。つまり、バラバラだった米粒をギュッと握っておにぎりにするような、「我々だからできる提案がある、を形にしていこう」と狙いを定めたのである。

「これまでの過去にとらわれずに新しいことをやる。過去にとらわれない新生ＨＰの新サービスがこれだ」とも訴えながら、同時に、「万が一、これらの目標を達成できなければ、責任を取って社長を辞任する」と宣言した。社長が結果重視を求めている以上、結果が出なければ私も責任を取るのが当たり前だ、という意味があると同時に、社長の責任に言及することで新生ＨＰはすでに一体の存在であると訴えたかったのである。

このときも、ダイエーの社長になったときも、振り返れば私は一つの態度を貫徹しようとしていたことに後で気がつかされた。それは「トップは、メッセージを煮詰め、確信を持って発信し、結果を出すまでは絶対にぶれないようにする」という姿勢だ。

かつてＢＣＧに勤めていた時代、メッセージを極限まで煮詰めてから相手に伝えることを徹底的に仕込まれていた。それが以後の仕事にも反映していたのだろう。経営リーダーになることで、この思いはさらに強くなっていた。

論理的な整理は当然の作業だ。さらにメッセージの受け手が納得できるような言葉や表現を納得がいくまで探し続ける。その上で首尾一貫したメッセージを熱い思いで語り続ける。何度も何度も相手が理解してくれるまでぶれずに伝える。

リーダーの言葉がころころ変わると現場の社員は進むべき方向性が分からなくなる。さらに問題なのは、リーダーのメッセージが首尾一貫していなければリーダーの熱い思いが生煮えのメッセージとなり現場から信頼を得られないのだ。

事実や論理だけでは人は動かない。語り手の情熱や信念に触れたときに共鳴のバイブレーションが起きれば、自らもまた動きだそうとする。リーダーの言葉とは、そういうものでなければならない。そのために必死に自身の思いを詰め、思いを託せる言葉を探す。優れた経営者に、コピーライターではないかと思えるほど人を動かす力を持つ言葉を発する人が多い理由が分かるのだ。

「外資系企業のトップにしては浪花節だ」とからかわれることもあるが、この思いはまったく揺らぐことなく今日まで来ている。現場の社員は自分たちの未来をリーダーに託しており、それだけリーダーの一挙手一投足を見続け、片言隻句まで耳を傾けているのである。その緊張を失うと、リーダーは組織をまとめるどころか壊し始める者になってしまう。

合併後のポスト・マージャー・インテグレーションにおける経営リーダーの苦労は多い。しかし面白さもまた大きい。そもそも合併に伴う統合作業はしんどいが、誰もが「うまく運ばなくて当然」と思っているので気楽でもある。少しでもうまくいけば「やったね」と褒め合えるのだから前向きといえば前向きだ。

企業文化の違いがいがみ合いを生む、と書いてきたが、それも考えようで、異なる企業文化が摩擦を起こすことでまったく新しい企業文化やビジネスノウハウを創造できる。経営リーダーは、そのような方向に導いていかなければならないのだが、その最も効果的な方法がシャッフルでもあるのだ。

例えば新生HPが誕生したとき。コンパックのカルチャーは動きの俊敏さにあった。これは富士通やNEC、東芝などのパソコン部隊にも共通しているものだった。技術革新とモデルチェンジが速いので、生き残るために必然的に俊敏なカルチャーが身につくのだろう。逆に企業向けコンピュータシステムにおける存在感はさほど高くなく、また、ソリューションを売る場合などのパートナーとの協業も上手ではなかった。

一方HPは、長きにわたってUNIXを中心としたエンタープライズビジネスをやってきた。オープン・プラットフォームや失敗が許されないミッションクリティカルなシステム構築で市民権を得、それらを支える充実したサービス体制を整えていた。そのカルチャーは、家庭的かつ牧歌的で、スピード感も乏しい。安定しすぎて「本当に闘争心があるのか」と首を傾げたくなるような部分もある。

そこに俊敏なカルチャーを持つ異分子が入ることで、長所を生かしつつ原理を変えられるだいご味が合併にはある。俊敏なカルチャーにパートナーとの協業という優れた因子が取り込まれ、逆にミッションクリティカルなエンタープライズビジネスに俊敏さという因子が取り込まれる。経験も実績もある者同士が、同じフロアで顔を突き合わせ、共通の方針の実現に向けて動き出すと、互いのよさがじんわりと浸み合い始める。互いのメリットはものすごく大きくなった。

統合の過程ではコンサルタントにも加わってもらいながら新しいスキームづくりを進める。彼らの意見は大変に役立つものだが、最終的に魂を入れるのはやはり自分たちである。コンサルタントに任せていては着地点が見えないし、腹落ちもしない。組織をボーンとある種の斧で荒っぽく再編していくのは合併に伴う統合作業では不可欠な取り組みだが、こういうときにはボトムアップによるコンセンサスはできにくい。やはり決済権、経営裁量を持つリーダーが「こっちだ」「この方法に学ぼう」と決断しなければならない。

その一方で決断を丁寧に着地させるには、一人ひとりとのコミュニケーションをきちんと繰り返しながら微調整したり補強したりすることも必要になる。それでもなおリーダーが、「この組織のこういうところは素晴らしい」と晴れ晴れと言っていれば、組織は自ずと他者の優れたものを取り入れるようになる。

異分子とは往々にして「外敵」と見られるが、ダイバーシティーの視点で考えてみれば異分子ほど自分を見つめ直し、育ててくれるものはない。組織全体がそうした発想になっていけば、合併は、「1＋1＝2」ではなく「3」にも「4」にもなっていく。

経営リーダーの最終目標は「夢を与え、実績を創り出す」こと

私は3つの会社の社長を務めたが、それぞれに抱えていた任務は異なっていた。日本HPではM&A後のポスト・マージャー・インテグレーションで合併効果の最大化を任務とし、ダイエーでは経営再建を軌道に乗せるターンアラウンドに努め、マイクロソフトでは持続的な成長に向けたトランスフォーメーションを担ってきた。

それぞれの状況に応じてマネジメントの手法は異なっている。それでもなお根底にある経営リーダーとしての思いは同じものだったと思っている。それは、「完全なる自由裁量のないなかで、社員にどのような夢を与え実績を創造するか」である。

「完全なる自由裁量がないなかで」というのがミソで、そこにオーナー企業とも生え抜き社長とも違う立場があった。

「オーナー社長だって完全なる自由裁量はない。まして一般企業の社長だってそんなに自由裁量があるわけではない」との反論もあるだろう。そのとおりで、オーナー社長といえども株主や従業員を無視した蛮行は許されないし、一般企業の社長も取締役会の決議がなければ大きな取り組みはできない。だとしても、それは外資系企業の現地法人トップの裁

量よりは大きく広い。

誤解されないように書いておけば、日本HPでも日本マイクロソフトでも経営トップとしての裁量は十分に確保され、各種の決断に不自由を感じたことはない。とはいえ現地法人社長としての裁量であり、現地トップは本社の大方針を現地化して実績につなげていくのが仕事であり、同じ「社長」ではあっても、大方針を決めるのは現地法人の社長ではなく本社の社長だ。

奇妙だったのがダイエーの社長時代で、ダイエーは再生における資本の論理、つまり官民ファンドや投資ファンドなどの大株主が短期的な成果を求めていたが故に、経営トップとしての決断の自由度は大きかった。「早く成果を見せろ」と、やいのやいのうるさいものの、そのためにこそ決断の自由度が高い、という一種皮肉な状態にあった。とはいえ、資本が変われば社長としての活動もそこまでという首の皮が薄皮一枚でつながっているだけの自由度だ。

そうした制約のなかで、いかに社員に夢を与え実績を創造するのか。そこにこそ私なりの取り組みがあった。

「夢を与え実績を創造する」と書くと、なにか足が宙に浮いているような、分かったような分からないような話に思えるかもしれない。言い方を換えれば、「社員にめざすべき状態と、そのための具体的な仕事を用意し」「リーダーとしての素の姿を見せながら一緒に実現する」ことである。

社員が朝起きたときに、「さぁ、今日も仕事だ。頑張るぞ」と前向きな気持ちになれるのにはなにが必要だろうか。誰に質問しても、「自分が担っている仕事が誰かに貢献できていること」と答えるだろう。「給料は高いにこしたことはない」が、「給料が高いだけで前向きな気持ちになれるわけではない」のも事実だ。自分の努力が、少なくとも会社を明日へとつなげていると実感できるかどうかが、前向きになれるかどうかのポイントになっている。

しかし経営破綻したダイエーでは、どんなに努力をしてもなすことのすべてが前向きにならず、後ろ向きの回転が加速するばかりの日々が続いていた。この後ろ向き回転を前向きに変えるにはどうしたらよいのか。組織は、経営破綻に陥ったぐらいなので、すでに自律的な回復能力を失っている。

この流れに楔《くさび》を打ち込めるのは、経営トップの〝権力〟〝裁量〟しかなかった。それが分かると、社長直轄プロジェクトを通じて楔を打ち込むのを決意した。プロジェクトは、「これをやってみよう。その結果として私たちに欠けているものが見え、同時に突破口が見えてくる」という具体的な仕事の目標を示し、リーダーが自ら率先して成功体験をつくり、「負け癖」の連鎖を断ち切ることを狙った。

なかでも全力を注いだのが「新鮮野菜宣言プロジェクト」だ。野菜はスーパーの「顔」とも言われるのに、ダイエーでは売り場で働くパートの社員でさえ「ダイエーの野菜は買わない」と囁《ささや》き合っていた。本部主導のセントラルバイイングの弊害で、価格は高く、売れないから鮮度も落ちていた。

そこで本部社員と店舗従業員20人、青果部門だけでなく営業戦略、店舗オペレーション、人事、物流、情報システムなどさまざまな職場から集まってもらった社員でプロジェクトを立ち上げた。その目標は、「競争力のある新鮮な野菜を、収穫から1日で店頭に並べる」というシンプルなものだった。

しかし、その実現はきわめて難しい。セントラルバイイングの体制を改めて店舗ごとの直接仕入れの比率を高め、そのための仕入ネットワークをつくらなければならない。また葉物野菜は鮮度が落ちやすいので要冷配送ネットワークが必要になる。売り場でもトレーにむき出しで入れるなどの鮮度をアピールする方法に知恵を絞らなければならない。3カ月をかけて準備したプロジェクトでは、地元から仕入れる野菜の比率を20%から50%に高め、売り場の人員も2割増強した。

そしてダイエー全店で始まった「新鮮野菜宣言プロジェクト」は、お客さまの評価を大きく変えた。それまでは、野菜をひっくり返して裏側を確認していたお客さまが、野菜をほとんど見ずに買い物かごに入れてくださるようになった。あの、「ダイエーでは買わない」と囁き合っていたパート社員も、業務が終わると買って帰るようになった。

こういうお客さまの姿、また「この前のレタス、美味しかったわ」というお客さまの何気ない一声。これが現場に自信を取り戻させ、お客さまに満足を提供するという夢と喜びを呼び覚まし、新たな好循環を生むのである。

私がダイエーを去るときにプロジェクトメンバーがたくさんのメッセージをくれた。組織のなかで思考停止に陥らされたメンバーたちが、自分の頭で考え、積極的に発言し、みなで知恵を出し合ったからこそ大きな仕事を成し遂げられた「夢と実績」についての感動が、そこには綴られていた。その一部をここでご紹介したい。

「こんなボロボロの会社に来てくださってどうもありがとうございました。新鮮宣言やデリカ宣言など、会社の雰囲気が変わり、仕事の楽しさが分かりました」

「再生できるかもしれない、と希望を与えていただきました」

「私たちの世代（30歳前後）の従業員に、夢を与えていただき感謝しております」

「社員がすごく元気になれたこと、本当に感謝しています。流通にとっては従業員の活力に勝る営業力改善の要素はないと思います」

「人を！　会社を！　熱くしていただいた1年でした！」

「樋口さんからお褒めいただいたことが店舗改造推進本部メンバーの誇りと自信になっています」

「一石を投じることの大切さ、難しさ。それに今までなかった充実感を得ることができました」

上意下達よりダイレクトコミュニケーション

経営リーダーには2つのコミュニケーションルートがある。縦系列の職制を通じた「上意下達」と、職制をスキップして現場の人と直接に接触する「ダイレクトコミュニケーション」だ。私はダイレクトコミュニケーションを重視するタイプであるかもしれない。

ダイエーの「新鮮野菜宣言プロジェクト」は、リーダーの姿を具体的に現場に見せるためのプロジェクトでもあった。経営リーダーの姿が身近に見えていれば社員の気持ちは増幅され、前向きになる。リーダーがめざそうとしているものを、リーダーの姿を通して実感できるのは、なによりもモチベーションを高めるのだ。

「新鮮野菜宣言プロジェクト」では、プロジェクトメンバーを互いの膝が触れるほど小さな会議室に集め、ホワイトボードに全体像と課題を次々に書き出し、リーダーである私の意気込みだけでなく息づかいまで感じてもらおうとした。解決策で悩む、考えを絞り出す、決まらない。そこまできたら私が決断して次へと進む。「社長がそれで、と言ってくれたのだから」と安心して次のステップに進める。

一方、現場との「報連相（報告・連絡・相談）」を活発にするために、毎月一度の全国店長会議を3カ月に一度に改め、代わりに2週間に一度の電話会議を設けた。時間とコストを減らすのも狙いだったが、電話会議なので全国の店舗の従業員にも会議内容を聞いてもらえることに期待をかけた。

社長の声など聞いたこともない社員たちが、スピーカーから「大事な時間なのでとにかく熱意を込めて」「申し訳ありませんが店を閉鎖します。ダイエーが生きのびるためにやむを得ない判断なのです」といった私の方針説明に触れる。

2週間に一度、たとえネガティブな話であっても、経営リーダーの声に直接触れて会社の前途について説明を受けられることとの安心感は大きい。もっといえば経営に参加している実感を持ってもらえ、今後の方向性に対する現場の理解は深まったように思う。

現場を支える約260人の店長にも直接に電話をかけまくった。店長名簿を持ち歩き、理由を見つけては移動中の車中などから電話をかけた。「先日の店長会議で前向きな提案をありがとう。その後、どうですか」「先月は頑張りましたね。ありがとうございます」などといった具合だ。

不思議なことに話をする機会の多い店長ほど、率先して心を開いてくれる。本部への不満や意見も率直に語ってくれるようになった。店長にしてみれば社長との電話は単なるコミュニケーション手段にとどまらないのだった。いつでもダイレクトコミュニケーションがとれるという安心感、本部が自分たちを見てくれているという信頼感、頑張れば評価してくれるというやりがい。そうした意識が事業を前向きなものに変えていく。

北海道や沖縄の店舗であれば本部からも遠く、見放されているという感覚も強い。そうした店の店長には特に頻繁に電話をかけ、自分の言葉で語りかけた。人を動かすのは戦略や論理ではない。当たり前だが、一緒に歩んでくれると実感できるリーダーの心こそ人を動かすのだ。

すべての人に思いが通じる、と言うほど私も青臭くはない。だとしてもリーダーがヒエラルキーの中に閉じ籠もると現場は絶対についてこない。それほど現場は、リーダーの姿に期待をもって見続けているのである。企業再生時には、特にこれが必要だ。

リーダーの仕事は「皿回し」

日本HPでもダイエーでも日本マイクロソフトでも、社長時代は社員と多くの接点を持とうと努力してきたつもりだ。ただ社長の仕事はそれだけではない。社長自らが自分の時間の最適な使い方にプライオリティー、つまり優先順位をつけられないでいると、それだけで「社長失格」になってしまう。

経営リーダーの仕事は皿回しのような部分がある。何本もの棒が並び、事業という名の皿が回っている。回転がなくなり皿が落ちそうになると手を添えてギュッと回し、別の皿がフラフラしてくればそちらを回す。強固なビジネスモデルを持ち、敵も少なく、モチベーションの高い事業ではなぜか回転数は落ちず、いつまでも勝手に回っているが、すべての事業がそうであるわけでもない。

また現場から秘書室に上がってくる社長出席の依頼のすべてに応えていたら、それだけで1日のスケジュールは埋まってしまう。しかし、その状態が必ずしも最適な状態であるのではないのだ。

7000億円を超える赤字を計上して「沈む巨艦」と言われた日立製作所をV字回復に

導いた川村隆元社長が、日本経済新聞の『私の履歴書』で興味深い心境を吐露されている。99年に副社長に就任して4年ほど務められた。その間に生産技術や品質保証、研究開発、電力・電機事業など延べで12もの事業を担当された。従ってものすごく忙しい。社内の会議が終われば客先の挨拶に出向き、各種のセレモニーにも出席する。スケジュール帳はいつも真っ黒で、海外の出張先からテレビ会議で本社の会議に出席することもしばしば。

だけれどもなぜか自分には「しっかりと仕事をした」という実感が湧かなかったという。その一因に「副社長」というポストの有り様があった。本来は状況分析や戦略の立案など改革に必要な仕事を断固実行すべきなのに、社長に代わって毎日の膨大な量の仕事に流されることをよしとしてしまっていた。自覚はなかったものの一種の逃避であり、「懸命に働いているかたちをつくっていた、と言われても仕方がない。忙しく髪を振り乱して働いている人間が本来の仕事をしているとは限らないことがわかった4年間だった」とまで告白していらっしゃる。

私のわずかな体験でも、本当にそうなってしまうと思う。川村さんの言葉は、経営リーダーのプライオリティーの大切さについての懺悔のようにも読めた。そして川村さんの告白は、川村さん一人のことではないとも思えるのだ。大きな会社か小さな会社かを問わず、忙しく動き回っていることが仕事をしていることだと思っている、またそう思いたいという経営リーダーがたくさんいるのではないだろうか。「休日も含めて、1年間に自分の裁量でスケジュールを組めるのは数日しかない」と、ちょっと自慢気に、またちょっと寂しそうに語ってくれた大会社の社長さんもいた。

戦略を練っていることだけがプライオリティーだと言うのではない。朝から晩まで社員と共に髪を振り乱しながら働き続けることが絶対的に最優先のときもあれば、数週間ほど現場を離れて市場を見て回ることがなによりも大事なときもある。なにがプライオリティーかは、その時々の会社の状況によって違うのは当然だ。

それでも一つだけ言えるのは、「どのような状況にあってもプライオリティーは必ずあるし、プライオリティーをつけなければならない」という原理・原則だ。

戦略論というと小難しく思えるが、その要諦は「なにを選び、なにを捨てるか」の一点にある。経営リーダーの行動では、仕事のどの部分に自分のエネルギーを集中投入するかの選択が戦略であり、プライオリティーだ。

どうやってプライオリティーをつけるか。その論理的な手法やノウハウは実はない。

ただ言えるのは、白紙の紙を前に自分が力を注ぐべき事柄を描いていく作業は非常に頭を駆使する作業であり、日常性に埋没していてはできない作業であるということだ。そのためには「自らをデトックスする」しかない。

デトックスとは「解毒」の意だ。すべての経験や思いを一度白紙にして日常とは異なる環境に身を置いて考えてみる。戦いの現場は地べたにある。戦国武将が高い天守閣から下界を睥睨《へいげい》して戦略を練ったように、高層ビルの屋上から世の中を見てみるのもいいだろう（実は、私はこのタイプだ）。ＩＴ業界のリーダーであれば一観光客としてシリコンバレーに足を運び、そこでどんな景色に心を揺さぶられるかを試してみるのもいいだろう。いつもはお店の開店時間が他店と同じなので他店の味を知らないシェフが、休みを取って食べ歩きをするのも解毒だろう。

国際問題評論家の寺島実郎さんは、「原稿を書くのにシンガポールのホテルで書くのと香港のホテルで書くのは、やはり見えている景色が違う」と言っている。それは物理的な景色の違いではなく、政治やファイナンシャルの諸相の見え方が異なり、そこで虚心坦懐に自らの考えを検証してみると原稿に新たな息吹が生まれる、と言っているのである。

そして、ここがまた面白いところなのだが、経営リーダーは経営や現場の課題については徹底して分かっている。だからデトックスしているつもりでも、そこから湧き出てくる判断にはなんらかの根拠、必然性が必ずあるのだ。つまりプライオリティーの根拠や必然性が示される。

解毒をすると最も悪い毒が分かる、というわけである。解毒の効用はここにあり、それは決して日常性に埋没していてはできないことだ。解毒もまた経営リーダーにとっては、なさなければならない作業なのである。

多様な意見をぶつけ合えない環境をつくり出していないか

さらに言えば、経営リーダーの自己変革のためには、やはりダイバースな状態を楽しむ効果は大きい。さまざまな意見に触れ、自分に〝化学反応〟を起こすのだ。

私には、松下電器に入社して製造業の現場で働き、工場の生産性を第一義に生きていた時期があった。簡単に言えば作業が速いか遅いかだけの尺度しか持ちあわせていない。技術の世界では現実的な課題に対して答えは一つであり、みなで議論するよりも優れた技術者が余計なノイズに悩まされることなく一人で考えた方がいい答えに早くたどり着けると考えられていたし、私もそう思い込んでいた。

しかし、ビジネススクールに留学し、戦略系のコンサルタント会社に勤めるなどして、経営者が織りなす仕事を見ていると、関係者が集まって談論風発、侃々諤々《かんかんがくがく》の議論を楽しむことの大切さを確信するようになった。たとえ無駄話の連続のように思えても、そこからなにかしらが出てくる。そうしたものにこそバリューがあった。

　戦略やビジネスモデル、マーケティングなどでは、抽象的な部分を言葉なり実行策なりの具体的なものにまとめあげ、確実に実行するためには関係者のコンセンサスを得なければならない。そのための議論も必要になる。抜け漏れを防ぐためにもいろいろな部署の人たちがいろいろな異なる意見を戦わす。それがバリューになっていく。

　経営リーダーの人たちと会い、食事をご一緒させてもらうと、みなさんが努めてシンクロナイズしているのが分かる。波長合わせだ。今一番アップトゥーデートなトレンドなり経営課題なりについて、「こういう考え方でいくべきなのかな」と意見を求め、お互いの波長を合わせ、その上で次の策やなすべき事柄を考えている。そうした状態をリーダー自ら創り出せなければ、経営課題を情報の少ない工場のなかで一人で黙々と考えているのと同じで、早晩、限界を迎えてしまう。

　そうならないためにも、ダイバースな状態をもっともっと創り出さなければならない。これは経営リーダーだけの課題ではなく日本全体の課題でもあるだろう。日本経済や産業は、高度経済成長で内需が拡大し、労働賃金は安いものの高品質な製品を作ることでどんどん仕事が増え、成長を続けてきた。しかし現在は、高学歴、高賃金になり、技術面でも世界の国に追いつかれてしまった。

ここを生き抜くには知恵、つまり頭をどれだけ使ったかが勝負になる。そのためにはいろいろな人がいろいろな立場で、いろいろな意見をぶつけ合い、単調な考え方から抜け出さなければ勝てる知恵は生まれない。ダイバーシティーの環境に積極的に身を置き、多様な状況で多様な化学反応を起こさなければ次なる価値は見つけ出せないのだ。

その前提として個人的には、経営リーダーとしての基礎的な素養をもっと備えられる場や機会が増えるべきだと感じている。なにもビジネススクールが絶対的によいというのではない。営業、マーケティング、経理・財務、人事管理、ITなど、どれについても基本的な素養を備えたリーダーが育ち、彼らを活用できるような経営のフレームを用意する。経営手法の進化が求められているのではないだろうか。

そうした努力の上で自分が身体を張って覚えたものがなければ、経営リーダーは人を動かせない。自分が大病した際に、大病を経験した人から「大変でしたね」といたわりの言葉をかけてもらうのと、病気知らずの人から言葉をかけてもらうのではまったく重みが違うように、自分なりにいろいろなことを乗り越えてきたからこそ身についている力がある。そこにさらにポジティブな人間性が加われば、人は動く。

昔は、「本物のリーダー」とでも言うべき素晴らしい経営リーダーがたくさんいた。彼らは、こちらが言葉を発しなくてもこちらの心が読めるような理解力、というよりも共有感覚のようなものを備えていた。そういうリーダーに導かれて働く人のモチベーションは高まり、組織全体の能力や質が高まっていた。

経営リーダーが、日常から離れて自らを解毒するのも、ダイバーシティーに身を置いて自ら化学反応を起こし、身体を張って身につけていくのも自己変革のためだ。リーダー自身が自己変革の重要性を自覚し、課せられた作業としてやり切れるかどうか。これも経営リーダーの重要な資質の一つであろうと思うのだ。

本章のまとめ

ここでは、ＨＰでの合併とダイエーの再生を事例として使いながら、組織変革の要諦について述べてきた。改めて振り返ると、変革のマネジメントに近道はない。「これが正しい」と信じた方針を、現場に何度も繰り返し伝える。それによって従業員の心に火を付け、愚直に、泥臭く歩を進めていくしかないのだ。

組織を変える場合、どんな小さな規模であっても、必ず摩擦や軋轢《あつれき》が生じる。それをプラスのエネルギーに転換できるか。リーダーの腕の見せ所といえるだろう。

第4章

なぜ、戦略がうまくいかないのか？

——徹底的にやり切るためのリーダーシップ

ハーバード大学でMBAを取得し、外資系コンサルティング会社を経て、外資系企業の日本法人社長へ――私の経歴を並べると、切れ味鋭いロジックで「戦略」を立て、実行してきたかのように受け取られるかもしれない。

もちろん、そうした視点はリーダーには欠かせないものだ。しかし、経営の現場はそうではない。時には折れそうになる状況でもぶれず、困難があっても最後までやり遂げる、人間くさい「情熱」こそが結果につながるのだ。

本章では、普段ビジネスの現場でなにげなく使われる「戦略」「戦術」の意味するところを考えながら、どうすれば本当の意味での「成果」があげられるのかについて見ていきたい。

大局観なき「戦略」の横行

「戦略を明確にして取り組む」「戦術面では妥当なのか」。こうした会話はビジネス世界では日常茶飯だ。記者会見では「どのように成長させていくつもりですか」と問われ、私もアナリスト説明会では「成長戦略が明確ではない」と酷評されたりすることもある。

しかし一度立ち止まって、子どものように「戦略とはなに」「戦術とはなに」と考えてみると、ビジネス世界での会話もアナリストの酷評もいまひとつ正確さを欠いていることが多いようにも感じる。

日本企業の「戦略」を象徴するのが中期経営計画だろう。普通は、将来3年間の市場の変化を予測し、そのために施すべき手手と収益計画を明らかにする。「今後M&A投資に1500億円」とか、「事業部門売上高と営業利益を70%増に」などと勇ましい数字が並ぶ。言わば経営者からのコミットメント（約束）として発せられ、記者やアナリストはコミットメントの内容によって進捗度や到達度を評価する。経営者自身も、「残念ながら中期経営計画の目標を達成できず」などと頭を下げたりする。

しかし戦略とは、数値目標を達成することを目的としているのだろうか。もちろん、ある目標に向かうことを示した戦略の結果として数値が付いてくるのは分かる。数値目標を否定するわけではない。実績を生み出せない戦略は、戦略としては不合格であるのも分かる。ただ戦略の目標はもっと違う点にあるのではないか。つまり実績数値を生み出せる素地の変革をどう評価してもらえるかが重要であり、数値に一喜一憂するものではないと思うのである。

マイクロソフトには中期経営計画はない。ただ、「3年後にはこんな姿になっていこう」という大まかな計画はある。パブリッククラウドでのシェアをどれぐらい狙う、などの方針が示されるが、詳細なアクションプランまでは規定しない。設備投資をいくら行うか、M&Aにいくらの資金を投じるかなどは単年度の判断であり、その裏にある、どのような素地をつくり、どのような点に力を注ぐかがメーンになっている。

IRでも、EBITDA（利払い・税引き・償却前利益）などの指標よりも、どれだけ自社の製品が使われているかやビジネスモデルのチェンジが進んでいるかが株主からの評価の対象になってきている。だからこそ社員の動きや評価も、目先の売上高を確保するために無理した販売をするというようなものではなく、どれだけお客さまに喜んで使ってもらえているかなどの戦略に沿った持続性が軸になる。

改めて戦略と戦術とはなにかを定義してみれば、MBAの教科書的な説明になってしま

うが、「戦略」とは事業のあり方をどのように考え、どのような方向をめざすのかを示しているものだ。一方、「戦術」とは戦略をいかに実行するかの策である。言葉を換えれば、ビジョンが戦略で、ビジョンの実行策が戦術となる。

とすると「日本企業の中期経営計画もビジョンを示し、そのための施策を示しているのだから戦略と戦術は明快ではないのか」と反論の矢が返ってきそうだ。その通りだ。しかし、どこかしっくりと腹落ちしない、美辞麗句の域を出ていないケースもよく目にする。似て非なるもの、という言い方は失礼だが、正直、そう感じるときがある。

この違和感の第一は、「大局観」の有無だ。戦略の前提として示されている時代認識や自分たちがめざすべき世界が、自分たちの生きてきた生態系だけを前提にしており、広がりを感じられないケースが見られる。自分たちの事業が置かれている状況について、「グローバルという地域的な広がりのなかではどのような可能性があるのか」「歴史的に見て事業の持続性はあるのか」「自らの強みが、強みであり続けられる条件は今なおあるのか」などといった、世界の状況に対する自問自答の結果、それは文明観といってもいいものので、それが表明されずに戦略といわれても説得力に乏しいのではないか。

実際、「大局観」「大所高所」というと、偉そうに感じられるかもしれないが、こうしたものの見方は世界共通のものだ。富士山の山頂に立って初めてアルプスの山並みの全貌を目にできたり、下界の苦しみに思いを馳せられるように、高い視点や大きな視点を持てるからこそ見えるものがある。そうした感覚は世界共通にあり、ビジネススクールでは「ビッグ・ピクチャー（全体俯瞰図）」という言葉が教授から何度も発せられる。「ビッグ・ピクチャーで見ろ」「その意見は、３０００フィートの高さからの景色を見て言っているのか」といった具合で、本当にしつこいぐらいに指摘を受ける。

将来にわたる競争環境や社会環境などをきちんと想定した絵柄でないと精度の高い長期的意思決定はできない。絵柄がどれだけあざやかにイメージできるかによって戦略の精度や有効性が決まってくる、というのである。

大局観の重要性は、最近話題になっている人工知能の活用でも分かる。「人工知能を備えたコンピュータが将棋や囲碁のトップ選手に勝った」というのが大きなニュースになった。将棋や囲碁では、何手先まで読んで次の一手を打つかが勝負所だ。先の手数を何通り読めるかは、コンピュータが最も得意とするもの。しかし、先手数の読み数が多いだけでコンピュータが全戦全勝できるわけではない。実際、トップ選手との対決では、ぎりぎりの攻防が続き、かろうじて勝っている。

彼我でなにが違うのか。そこが大局観なのだ。確かに手数はたくさん予測できるかもしれないが、プロは「過去の勝負経験からすれば、今、盤上がこのような景色に見えている場合は、この手の方がよい」と直感する。そして実際に、そのとおりになってしまう。そこが現在のコンピュータにはまだまだ追いつけない領域だ。

コンピュータと名人の関係を、ビジネスでの若い人と経営リーダーに置き換えてみると、若い人は頭脳も柔軟なので何通りの手数があるかを読むのは経営リーダーよりは得意かもしれない。「考えられる限りの項目を列挙してみよ」と言われたら、あれもこれもと多くの項目を示せるだろう。だが、それらの項目と現状の関わりや打った手の違いによる影響度合い、結果の出方に対する見通しでは、やはり経営リーダーに一日どころか百日ぐらいの長がある。

優れた経営リーダー、まさに経営名人のような極致になってくると、目に見ている景色そのもので大局的に判断できるし、その判断には大きな流れと細やかな実行可能性が十分に組み込まれていることが多いのだ。つまり戦略と戦術が見事に描かれている。

コンサル会社で鍛えられた「3つの言葉で言ってみろ」

私自身が戦略や戦術などの概念と格闘するようになったのは、やはりビジネススクールでの学びがきっかけだった。現在でもマッキンゼーで用いられているフレームワーク「F

AW（Forces at Work）」などにも関心を持った。創業者であるマービン・バウワーによって示された概念で、「ある事柄の背後には、その事柄を発生させたなんらかの力が働いている」と考える。事実をとっかかりにして、なぜそれが発生したのかを突き詰めて考えることで将来にわたる競争環境や経済環境などを分析する。ビッグ・ピクチャーを描くための大切な指摘だった。

ただ、その当時は、意味する所は本当には分かっていなかった。分かってきたのは、やはりコンサルティング会社に勤めてからである。

私が入社したBCGは、戦略コンサルティングを主とする企業であったので、戦略策定の基礎的な教育は徹底していた。それは「道場」と表現してもいいようなもので、「経営者の目線で見るとどのように考えられるのか」「会社をどのような方向に導くべきなのか」「経営にとって一番大事なものはなにか」といった問いかけが、お客さまだけでなく上司、さらには同僚からも発せられる。

そしてほとんどのケースにおいて、「そんなものは戦略ではない。それはもう細かいテクニカルな戦術論にとどまっているにすぎない」などと一刀両断されてしまうのである。

戦略としてなにがハイレベルでなにがローレベルかの差は、視点の高さそのものにあるということだった。つまり、より上位の概念にまで自分自身を導かなければならない。まさに「ビッグ・ピクチャーで見えているか」だ。
しかし視点の高さとは、かなりのプレッシャーのなかでトレーニングを繰り返して捻出されてくる種類のものであり、鍛えられなければその思考を身につけるのは難しい。毎日、深夜まで資料の分析に明け暮れ、考え抜き、考え抜いて整理していく。それでも翌朝に見直してみると、「なんじゃ、こりゃ」とまとめた本人さえなにを言おうとしているか分からないものであったりすることが多かった。

もう一つコンサルティングの経験で分かったのは、「人に説明してみて初めて分かることが実に多い」という現実だった。

お客さまのところにお伺いする前に上司にプレゼンをすると、「君は結局、なにを言いたいのだ。言いたいことを3つ、まずは言ってみなさい」と命じられるのだが、それが出てこないのだ。すると上司はホワイトボードを指さして、「君が言いたいことを書いてみろ」と重ねて命じる。そう命じられてもやはり書けない。「俺はなにを言いたかったのだろう」と完全にフリーズ状態になってしまう。
もっとひどいときには、お客さまの前に出ても同じような状態になってしまうのだった。改めて会社の様子を見、会議に参加している経営層の人たちの期待に満ちた目や言葉に触れた瞬間に、「これ違う。筋が違っている」と気がつかされるのだ。結局、そうした経験を通じて初めて戦略を練るとか戦略に期待されているものが分かる。

経営者になっても戦略の重要性のプレッシャーに押し潰されそうになる場合がある。戦略を間違えれば従業員に給料を払えなくなり、お客さまも逃げてしまう。そのプレッシャーに襲われて初めて「大事なことはなにか」「骨太のところはなにか」と優先順位を決めて考えなければならないテーマが絞られてくる。

それはプレッシャーのなかで自ずと鍛えられる性質のものであり、経営リーダーでもなく独立して起業しているのでもないような環境では、こう言っては身も蓋もないけれど〝絞り出し作業〟はなかなか身につかない。

実行されてもやり切らなければ、戦略は無意味

とはいえ、大局観を育てながら戦略を練るためのポイントはある。まず一番に習慣にすべきは、「会社はなんのための存在しているのか」という根幹を常に考える訓練だ。

「会社はなんのために存在しているのか」と問われれば、答えは経営者や経営リーダーによって異なっている。「従業員に生きがいを与えるため」と答える人もいるだろうし、「社会に貢献するため」と答える人もいるだろう。「株主が一番だ」と答える人もいる。とに

かく思いはさまざまだ。

ただ、「なんのために存在するのか」の根っこの部分について経営者や経営リーダーがどのような思いを持っているかによって戦略は大きく変わる。つまり戦略には確定した一つの回答はない。正解というものはないのだ。極論すれば、「ブラック企業がブラック企業として生きながらえる戦略」もあるのだ。

正解がないからこそ根幹部分が大事であり、意識し、そこから戦略を見い出していく。まずここから始まる。自分自身が経営リーダーになったときを想定して考えてみてほしい。自分ならば「会社はなんのために存在しているのか」という問いになんと答えるだろうか。それを確信を持って答えられているだろうか。確信を持って答えられるならば自ずと戦略の基本的な方向性は定まってくる。先の例でいえば、「社会に貢献する企業でありたい」と「ブラック企業でも自分が儲けたい」と考えるのでは、戦略はまったく違う方向を示すのである。

もう一つ大切だと考えるのは、戦略がどれほど理論的に素晴らしく、言葉として美しくても、その実行可能性が担保されていなければならない、という点だ。今現在の会社にある人材、資金、技術などのリソースで実行できるものでなければ戦略は画に描いた餅になる。「理想的な戦略」のままで終わってしまう。

簡単に言ってしまえば、戦略が現場に示されたときに、「なるほど、自分の力をそういう方向で使えばうまくいくのですね」と腹落ちできる内容でなければならないということ。戦略を実現するために、従業員全員が3年間も研修を受け続けてレベルアップしなければならないような戦略は実行性に欠く。今ある力を、どのような点に集中していけばまったく新しい力として発揮されるのかを示して、実感させられる。これが実行可能性を担保するということだ。戦略が備えておくべき重要な要素だと思う。

さらに、成功するまで「やり切る」姿勢が実は戦略を戦略たらしめてもいる。やり遂げられるまでやり切る力があるかどうか。会社のリソースから実行できる戦略をつくるが、それが即、100％の実現可能性を保証しているわけではないのである。現在、しっかりとした戦略を持って成功している企業や経営リーダーには、戦略の有効性だけでなく、戦略をやり遂げる力で成功を手にしている人が多い。

同じビジネス環境の変化に遭遇して、異なる企業の多くの人たちが頭を振り絞って対応策を考える。コンサルタントも使う。そして「会社はなんのために存在しているのか」の根幹から考え戦略を策定していく。会社内のリソースについての評価を行い、そのリソースを基に実行策を定め、かつ実行策が市場に対して有効かどうかも評価する。そこまでのヘッドワークはいずれも同じでも、最終段階でやり切る力が問われてくる。経営リーダーだけでなく、企業の社風としてのやり切る力も問われる。

最近、ソフトバンクの経営リーダーと懇談したが、「この会社はやはりすごい」と納得したのは、やり切る力の凄さだった。パソコン用ソフトの販売から始まり、いくつもの事業の紆余曲折を経て携帯電話事業に参入した。ボーダフォンを買収したときには、業界ではソフトバンクがこれほどの事業者になると考えた人はいなかったし、むしろ「無理だろう」と予測した人の方が多かった。

しかし「iPhone」の登場などにも恵まれ、やり切る力で事業を拡大して巨大なキャッシュエンジンを手にした。その経営リーダー自身が、「私たちには事業経験も知恵もなかったけれど、やり切る力だけはあった」と謙遜気味に苦笑いしたとき、私は、やり切る力は戦略にとって絶対的に不可欠な要素であるという自説に自信を与えてくれたように感じた。

HPで賭けに出た「二極化戦略」

私の経験から一つ二つ、戦略的取り組みと戦術の関係を振り返ってみよう。言わばケーススタディーだ。

一つは、コンパックとヒューレット・パッカードの合併に伴う新生HPで、PCサーバーの製品ラインを二極化した戦略だ。前章でも紹介したとおり新生HPのサーバー事業では、旧コンパックの「プロライアント」を継続事業として旧HPの「ネットサーバー」は廃止されることになった。ネットサーバーの廃止は、お客さまや販売代理店にとってみれば、自社の使っていた製品が突然なくなることに他ならない。旧HPの営業部隊は、合併まではプロライアントに対するネットサーバーの優位性を説いて回っており、お客さまにしてみれば話が180度変わり、背信行為にさえ思えてしまう。購入や販売を見合わせるのは当然のことだった。

私は法人顧客や販売代理店を訪れ、合併の経緯や今後の対応を説明し続けた。販売代理店の担当者と一緒に米国本社を訪ね、設計者の話を直接に聞くツアーなども企画した。根気強く説明すれば理解してもらえると思っていた。しかし奮闘虚しく、プロライアントのシェアは少しずつ低下し、月を追うごとに販売目標と実績の差が拡大していた。

それでもなお私は、地道な顧客訪問とチームづくりに注力すべきだと考えていた。ビジネスには順番があり、ある段階を飛ばして次の段階を始めても長期的な成果には結びつかない。チームのメンバーにも、そうした方針を話していた。

そうして足繁く通っているうちにいくつかの課題が見えてくるようになった。一番要望が多かったのが低価格帯商品の品揃えの拡充だった。プロライアントは、低価格帯のPCサーバーとはいっても、競合サーバーに比べれば高機能・高信頼性・高価格の商品だった。そういう市場は依然としてあった。しかし、プロライアントほどの高機能を必要としない、いっそうの低価格帯のPCサーバーを求める市場も存在していた。旧コンパックは、その市場の収益性が低いために思い切った手を打ってはこなかった。

一方で、直販・低価格を標榜するデルなどの攻勢で、低価格帯製品の市場はこれまで以上に顕在化し、販売代理店も直販型のデルの攻勢に悲鳴を上げていた。私たちに、「デルと正面から戦えるモデルを投入してほしい」と訴えていた。

思案のしどころだった。あまりに安いサーバーを投入すれば、既存の商品が売れなくなる恐れがある。またHPは販売代理店を通じての販売なので、マージン分だけ直販のデルよりも粗利が少なくなる。対抗モデルを投入しても本当に採算が取れるのか見極める必要があった。

地道に検討しながらも、私は徐々に覚悟を決めていった。巨大合併の目的、つまり戦略は、従来以上に生産における規模の経済を効かせることと、重複する部門や製品の統合によってコスト競争力を高めることだったはずだ。そして私が預かっているのは、量産メリットの見込める低価格帯のPCサーバー事業である。そこで他社と正面から競争できないのであれば、なんのための合併であったのか分からなくなる。戦略の本旨に沿って考えれば、結論は自ずと明らかなのではないか。

私はＰＣサーバーの製品ラインを、これまで以上に高付加価値を追求する「バリュー・ビジネス」と、他社と価格勝負できる「ボリューム・ビジネス」に峻別する方針を固め、低価格帯商品の大幅な値下げを決意した。

新生ＨＰはなんのためにあるのか、という根幹を考え、そこに現場で起きている背景を突き詰めてビッグ・ピクチャーを描いてみる。最終的な着地点は、規模の経済の発揮による優位性の確保と他社の排撃だ。その上で製品ラインの二極化という方針（戦略）を定め、低価格帯商品の値下げという実行策、つまり戦術を取ったのである。

結果的に、低価格帯シリーズの計45モデルの価格を最大で37％引き下げると同時に、４億円を投入して「新生ＨＰはＰＣサーバーのテクノロジー・リーダー」と訴える大規模な広告宣伝を展開することとした。そのために記者会見を開き、大々的に発表した。

以後、プロライアントのシェアは急速に回復していく。合併来のシェア低下と異文化の融合で消沈していた部隊も、一丸となって方針をやり切ることに集中した。また新生ＨＰが、要望通りに対抗製品を投入し、広告宣伝で後押ししたことにより販売代理店も一斉にプロライアントを売り始めた。

これにより売上高、利益とも目標を大きく上回った。しかもこの流れは一過性のものではなく、プロライアント本来の製品力に低価格帯商品が加わったことでシェアを拡大し、合併時には両社の合計で5位だったPCサーバーの日本でのシェアは、翌年には2位に躍進していた。

プロライアントのケースは、外資系企業の現地法人で経営リーダーが采配できる戦略変数が限られているなかでのものだった。しかも低価格帯商品は儲からない、というのは圧倒的な事実だった。ならば合併時の方針どおり高収益のプロライアント一本でやるべきかといえば、販売代理店の声にもあったように他社に対抗できず、実際、売れ行きが落ちていたのも事実だった。

今から考えると戦略面での大きなポイントは、ハイエンドも低価格帯商品も妥協しない、という決断にあった。同じPCサーバーでも両者は製品の性格付けも機能も売り方もまったく異なるものだ。ならば完全に二つに分けてしまい、対応を変える。片やハイエンドでは付加価値の高い売り方を進め、片や低価格帯の商品ではダイレクト販売の手法も取り入れてPCよりも安いぐらいの売り方をする。

二つに分けたのが、まず社員に非常に分かりやすかった。「あぁ、そうか。どちらかをやるやらないではなく、両方やればいいのか。やり方も違うのだからどちらかが中途半端になることもない」。みながこれを理解してくれた。同時に販売代理店の理解も深まった。今でも当時の決断が話題になると「あのときは、はまりましたね」と言ってくださる代理店さんがいる。

実を言えば、商品を二極化することぐらいの戦略変更や、4億円の宣伝広告費を投入するぐらいのことで記者会見を開いたりしたのは、今では信じられないような話で赤面してしまう。業界関係者にすれば、「記者会見を開いて打ち出すほどのことなのか」といぶかしがられる。そのとおりで、4億円の広告宣伝費も珍しいことではなかった。だとしても苦労しながらも、ハイエンドと低価格帯商品の両方をまったく違うオペレーションで同時にやる、というのが時代の変化への胆であることをつかめ、それを戦略として打ち出せたのは幸いだった。

ダイエーでの「他力活用」戦略

ダイエー社長への就任を依頼されたときは、すでに再生ファンドには「食品スーパーを軸に転換していく」との戦略があった。「このとおりやってもらえれば必ず再生しますから」と説得され、内心では「本当かな」と思いつつも引き受けたのだ。逆に言えば、社長として再生ファンドの戦略から逸脱すれば、「株主の意思に反している」と裁量を制限されるのは分かっていた。お店を何店閉鎖するとか、従業員を何人リストラするといった筋はすでに決まっていたのだった。

しかし社長を引き受けるのだから、私なりに戦略と戦術を練り、再生への流れを創らなければならないとも考えていた。先に紹介した「新鮮野菜宣言プロジェクト」は、食品スーパーを軸に転換していくとの戦略を、具体的に形にするための戦術プロジェクトだった。再生ファンドの戦略になくて、社長としてできる戦略にはどのようなものがあるか。現場や収益の実態などをつぶさに見ていって取り組んだのが「他力活用」だ。

売上高が減少しているのは、売り場の野菜が新鮮でなかったり、お客さまがわくわくするような売り場展開になっていなかったり、要するに集客力が低下していたからだ。利益の面で売り場面積当たりの収益が低迷しているのは、ダイエーが直営している売り場がやはり魅力的ではなく、ここでも集客力が低下している事実に行き着いた。

「他力活用」は、格好よく言えば他業態の会社とのアライアンスであり、簡単に言えば集客力のある会社にテナントとしてダイエー店舗内に入ってもらい、彼らの力を利用してお客さまを集め、ダイエーでも買い物をしてもらうというものだった。

社長就任当時、ダイエーの店舗のテナント率は24%程度で、他のGMSよりも低い割合だった。これには理由があり、ダイエーが急成長を続けていた当時は、1店舗当たりの商圏は10キロとも20キロともいわれていた。それほど圧倒的な価格競争力で集客でき、近隣の小売店が閉鎖を余儀なくされるケースも少なくなかった。それにあわせてダイエーの店舗の売り場面積は大きくなり、売れるので直営売り場も多くなっていた。

だが時代は変わり、商圏は1キロ、広くても3キロ程度にすぎなくなった。コンビニエンスストアや力のある専門店の出現で売り場の競争力は失われ、かつてはその広さ故に多くのお客さまを集めた大きな店舗は、逆に間延びして収益の足を引っ張るものになっていた。

テナント誘致の考え方は明快だ。その店を目当てにダイエー店舗に来ていただければ買い物もしてくれるだろう。ところが、この戦略に対する店舗の反発は大きかった。

「不採算とはいえ売り場を撤退すれば、直営店舗の売上高は減少して全社の売上高にも大きな影響を与える」

「GMSとしての魅力が失われ、さらにお客さまが減るのではないか」

「売り場の演出がバラバラになってしまう」

とにかくいろいろな理由の反対論が出てくる。

ところが本当はそうではない。もともと赤字だった売り場の代わりにテナントが入れば最終的にはテナント料が損益計算書に計上されるし、集客力のあるテナントが入れば集客効果も上乗せされる。撤退反対の背景には、売上至上主義の名残があった。

私はとにかく、「生き残っていくためには、利益重視の姿勢を徹底しよう。そのためにできることをためらってはならない」と訴え続けた。そして「なによりも店全体の魅力をどう高めていくかに知恵を絞るのが大事なのだ」とも訴えた。

売り場の縮小や撤退、テナントの誘致は現場の感情がむき出しになる問題だからこそ上意下達の本部指令ではなく現場を巻き込んで一緒に考えるようにした。全社の問題意識を共有し、お互いの納得の上で最善の策を入れた方が現場のモチベーションは上がるし、成果も出る。そうした発想をもってもらうこと自体、問題が起きたときに本質論に立ち返って考えられ、現場なりの精度の高い判断を下せ、そして再建に向けた力にもなっていくと期待したからだ。

他力活用の第一号となったのが、ドラッグストアのＣＦＳコーポレーション（現ウエルシア薬局）と提携しての「ＨＢＣ（ヘルス・アンド・ビューティーケア）」の売り場オープンだった。これは先方に手数料を支払って商品とノウハウの提供を受けながらダイエーの社員が販売する形態だった。オープンすると、ダイエーの社員にはまさに目から鱗の体験の連続となった。商品陳列の仕方、ＰＯＰの書き方、クロスセル（関連商品を購入してもらう）など、どれをとっても専門店の力量を見せつけられる形になった。そして、ダイエーのドラッグ部門の想定利益を大きく上回る利益を生み出し始めたのである。

次に衣料品のテナントとして相談を持ちかけたのが、ユニクロを展開するファーストリテイリングだった。柳井正ＣＥＯをかねてから存じ上げていたこともあり、ユニクロの新業態で低価格の新ブランドを扱う「ジーユー」をダイエーと一緒に立ち上げることになった。

その1号店はダイエー南行徳店で、その後も各店で相次いでオープンしたがいずれも行列ができるほどのお客さまが来店した。南行徳店では、肉売り場で牛肉の売上げが増えたり、サプリメントが急に売れ始めるなどの変化が起きた。分析すると、ジーユーのお客さまは従来の南行徳店には来店していない若年層であり、そのお客さまたちがダイエーで買い物を始めていたのである。ユニクロが入った店舗は、食品スーパー部門に限っても平均10％ほど売上高が増えていた。

他力活用の最終目標は、ＣＦＳであればダイエー社内にノウハウを集積することであり、ジーユーであれば店舗全体の集客力アップだった。その方向性を明確にし、提携先と十分に共有し、ダイエーの従業員にも理解してもらった。

その上で他力活用では、やり切る力に手を抜かなかった。担当するダイエー側の人材や導入する店舗については、いっさいの出し惜しみをしない。思い切った取り組みは本当に質が高い状態からやり切るようにしなければ成功がおぼつかないものだ。「これがダメならば仕方がない」というベストの状態を実現して現場もトップも不退転の決意で挑戦しなければ、戦略は戦略としての機能を発揮しないのである。

「美しい戦略」とはどんなものか

胸がすく、スポーンとはまるというように着実に成果を生み出す戦略がある。そういう戦略を、「美しい戦略」と言うならば、そこにはどのような要素が盛り込まれているだろうか。あえて言うまでもなく美しい戦略とは、勇ましい言葉や美辞麗句が並んでいる戦略ではない。

例えば「iPod」は、MP3のプレイヤーがたくさんあるなかで、音楽配信サイトである「iTunesストア」と連携することで気軽に、たくさんの音楽を楽しめるエコシステム、〝生態系〟を生み出し、ビジネスとして大成功をおさめた。「これは便利だ」「CDを買うのではなく、いろいろな楽曲を気軽に楽しめる」と評価した瞬間に利用者が急増し、結果的にiPodの戦略は、美しい戦略として評価された。それは本当に見事としか言いようがないほどにビジネスモデルが明確で分かりやすく受け入れやすい。

しかし、さらに美しい戦略とは、参入障壁をどれだけ創り得ているかではないかと思う。例えば事業展開のスピードが猛烈に速く、そのスピードに他社が追いつけないのも1つの障壁ではある。しかし、速く走ることだけが参入障壁となっている場合は、その会社なり事業は必ず息切れする。速く走っても息切れを起こさず、疲れることもない別の参入障壁があれば、これはさらに美しい戦略だ。マイケル・ポーターの『競争戦略』風に言えば価格、差別化、集中化などが明確に認識され、明確な方針が示されている戦略は美しい。

同時にこれは、美しい戦略づくりは、自身の強さをどのように認識しているかと深く関わっていることを示している。

ＩＴ業界、特にアメリカのプレーヤーを見ていると、規模を最初に確立した方が勝っていたケースが多い。もしくは、最初にデファクトスタンダード（業界標準）を確立した会社の方が寿命は長い。彼らの活動のすき間を狙うようにして一時的に栄えた会社は、やはりダメになったり、なくなったりしている。つまりニッチプレーヤーが許されないのが体で分かっているので、速く走り、競合は徹底的に叩きつぶすマインドが強い。

だからこそ協業できなければ完全にロックアウトして排除する流れになる。裏を返せば、自分がどれだけ強いか弱いかによって、相手に対してオープンになれる度合いが決まっている。その象徴とも言える存在がマイクロソフトで、ここ数年は、「ウィンドウズ以外は受け付けない」というロックアウト政策を改め、iOSやアンドロイドなどでも「オフィス」製品が使えるオープンな互換政策を進めてきた。要するに弱くなったのだ。

ただマイクロソフトには、自らの強さや弱さを冷静に検証できる〝自省力〟のようなものがあった。これは会社だけでなく個人にも言えることだが、自分たちが持っている「強さ」「得意分野」をどのように生かしていくかを考える場合、まず念頭に置いておかなければならないのは「自分が強い専門分野とは、即ち自分が経験してきた分野であり、その強みを生かそうとすると必ず過去に固執してしまう」という宿命のような傾向があることだ。新しい発想が求められているのに、強さに固執してしまい逆に強さを発揮できないジレンマに陥る。この流れを避けることは非常に難しい。

そこでいったん、自らの強さから離れてみる。ないしは自分とは違う強さを持っていたり、違う方法で成功したりした人から学ぶ機会をつくり、結果として自分の世界を検証したり広げたりする作業をしない限りは新しい物の見方、新しい方針などは出てこない。今まで生きてきた生態系だけの経験、認識だけでは戦略に結びついていくためのブレークは起き得ない。

「どうにかしなければ」「なんとかしなければ」などと追い詰められた極限状態のなかで考えていても答えは出てこない。「半導体をやっていました」「液晶をやっていました」「ソフトウエアの開発をしていました」と言っても、どうにかしなければならないときに自分たちの枠組みの中だけで考え続けても答えはない。だからこそ退いてみたり、外部の見方を探ってみたり、すでに破壊的な現象が起きている先進事例を探るなどして、「これは撤退するのも一つの手だ」「海外の企業とジョイントした方がよい」などという枠を超えた判断を検証してみる。こうした作業を早め早めにやっておかないと、ずるずると深みにはまり、再生の機会を失ってしまう。特に破壊される側にいる経営リーダーは、かなり大胆に考えていなければならない。

実はマイクロソフトも、危ない状態にあった。財務的にはぴかぴかの優良状態にあり、社内の人たちは「やはりウィンドウズがすべてだ」「オフィスは負けない」という感覚でいた。オフィスでは機能も十分に充実してきて、「これ以上の機能があっても使い切れない」と、まるで日本製の高性能テレビリモコンのような状態になっていた。でも、それのどこが問題で、どのような結果をもたらすかの真剣な検証は進まなかった。なにしろパソコンへのプリインストール販売で、ある程度の売上数量は確保できていたからだ。

しかしハタと気がついたときには、スマホや携帯端末の波に乗り遅れ、クラウドサービスでも出遅れていた。「なにかおかしいのではないか」と気がついても従前の枠で考える人たちが経営リーダーとして主導権を握っていれば、どうしても変わることはできない。やはり人が変わらなければ枠を超えて考えるのは難しい。

しかし幸運にもマイクロソフトは自らの本来的な強みを戦略的に活用して新たな競争に持ち込める仕組みを導き出せた。つまり従来技術を別の生態系と結びつけることで、新たな技術の活用や発展を促す仕組みを見い出したのである。

強い自社の技術を孤立させず、その強さを他の技術と連携させていくことで新たな優位性を確保できるのではないか。こうした一歩退いて考えてみる冷静さや合理性がマイクロソフトにはあった。それが〝自省力〟と書いた意味である。その上でどのプレーヤーと組むか、どのように組むかをビッグ・ピクチャーとして描き、戦略に落とし込んだ。

ここ数年、特に力を入れて展開されているオープンな互換化は、「ワードやエクセルはもともと使っており、それらのデータがｉＯＳやアンドロイドでも使えれば、それは便利だ」という単純だが強固なユーザーの支持を得られた。とするならば業務用ソフトとしてのオフィス製品は一層参入障壁が高くなったことになる。かつてのようにライバル製品の追い落としにしゃかりきにならず、その分のエネルギーを製品の機能向上やユーザーの声に基づいた使い勝手の向上などに注げばよい。それでまた製品を差別化できコスト競争力

も増す。

手前味噌に聞こえるかもしれないが、マイクロソフトのオープンな互換化政策とは、かなり美しく力強く、息切れしにくい戦略だと思っている。

「すべらなくなった」マイクロソフトの製品開発

マイクロソフトの戦略の転換は、着実に成果をあげ、戦略の有効性を証明しているようにも思う。

そもそもパソコン関連のソフトウエアや技術は、キャッチアップされたものばかりだ。ウィンドウズOSは、IBMのパソコンに搭載されたPC・DOSが起源だし、マッキントッシュもアラン・ケイがパロアルト研究所で動かしていた「暫定ダイナブック」という設計思想が源にある。表計算ソフトのエクセルは「ロータス123」からのキャッチアップであるし、ワープロソフトのワードも開発そのものはマイクロソフトだが、日本では「一太郎」をいかにキャッチアップしていくかに追われた。パワーポイントもまた、フォースアウト社がマッキントッシュ用に開発した「プレゼンター」をマイクロソフトが買収したものだ。

さらに法人向けのＳＱＬサーバーの技術は、サイベース社（ＳＡＰに買収）が開発したデータベース管理システムを技術提携して得たものであるし、サーバー用ＯＳのウィンドウズサーバーも当初はＩＢＭと共同開発していた「ＯＳ／２」であった。

マイクロソフトはウィンドウズＯＳで一大世界を築いていたとはいえ、キャッチアップ型のビジネスは、実は大変に「しんどい」。後を追う、と言えば前向きに思えるが、先行者が築いた障壁を壊して存在感を示していく作業は、疲労感がたまるものだ。

例えばクラウドサービスでは、アマゾンはマイクロソフトより何年も前に「ＡＷＳ（アマゾン・ウェブ・サービス）」を始めている。マイクロソフトが「Ａｚｕｒｅ（アジュール）」で攻勢に出ようとしても、すでにお客さまとＡＷＳには一体的な生態系ができあがっており、そこを粘りに粘り、インチ・バイ・インチで牙城を削り取っていくのは並大抵のことではない。

タブレット端末やスマートフォンもコンセプトとしては早期からあった。「ウィンドウズモバイル」の概念を早くから明らかにし、さらに前にはタブレット端末につながるＰＤＡ（パーソナル・データ・アシスタント）の構想も示していた。しかし残念ながら製品化が下手くそで他社に遅れ、結果的には全部キャッチアップになってしまった。

しかしＣＥＯがサティア・ナデラに代わってからは製品開発に失敗がなくなってきた。

ペン入力ができるホワイトボードというべき「サーフェスハブ」、スカイプを使った自動翻訳機能である「スカイプトランスレーター」、12インチタブレットの「サーフェスプロ4」、音声アシスタント機能の「コルタナ」、現実とバーチャルの融合空間を体験できる「ホロレンズ」等々。気がつくと他社よりも先に世に問うている製品ができている。製品開発力がグンとブラッシュアップされてきた。逆に「今の時期はまだ早い」と、あえて製品発売を遅らせる措置も果敢に取るようになっている。

サーバーOSは導入本数ではトップシェアを取るまでになった。クラウドサービスのAzureも急ピッチでAWSに迫り、すでに背中が見えるまでになっている。特にAzureは、単にデータを載せるだけでなく背後にマシンラーニングなどのエンジンが控えているので多様な解析ができるのが支持されている。コストパフォーマンスがいいのだ。また「Azure Stack」というお客さま自身のサーバーにもAzureのパッケージを乗せられるようにもした。

デザインの部門でも、各製品ごとにデザインの担当者がいたのを改め、現在は一つの統合部署でトータルデザインを推し進めるようになった。マーケティングも、非常に強いリーダーシップを備えた人物が全体のマーケティングを見るようになってメッセージが非常にクリアになっている。

またｉＯＳやアンドロイドにも対応した製品づくりや、ＳＱＬサーバーでのＬｉｎｕｘ対応であるとか、ゲームソフト「マインクラフト」の開発会社を買収してウィンドウズに取り込んだり、クロスプラットフォーム開発ツールの「Ｘａｍａｒｉｎ（ザマリン）」を買収するなど、ポイントを押さえた対応が続いているように思う。

日本では特に品質が大事なテーマであり、かつ法人向けビジネスではお客さまとのコミュニケーションの維持がきわめて厳しい評価を受ける。それがきちっとできる会社になるには「カスタマーオブセッション（顧客第一主義）」という戦略がきちんと腹落ちしていなければならない。その意味ではすでに昔のマイクロソフトのイメージではない。「最近、いろいろな対応が変わってきたね。昔のような驕《おご》りも感じなくなった」と言ってくださるお客さまが増えている。つまり他社との差別化がじわじわと進んでいる。

結びつくことがディスラプター（破壊者）を生む

どのようなＯＳでもオフィス製品が使えるといったオープンな互換化政策は、ＩＴ業界を俯瞰したときに「結びつき」が大きなキーワードであり、ビッグ・ピクチャーを描く際の前提になるという時代判断がある。戦略の前提であり、戦略そのものを規定するものと言ってよい。

今、フィンテックや人工知能、クルマの自動運転などへのＩＴの展開が話題になり、それに伴って関連する技術を持つ会社の買収合戦も盛んになっている。しかし、よくよく考えてみれば、５年ほど前に現在の状況を予測できた人は少ない。

だからこそ、世の中のニーズと要素技術の発展をなんとか結びつけることでビジネスにできないかという流れが出てきた。「結びつければ、こんなことができますよ」と絶えず組み立ててビジネスにしてしまう。

もっと言えば医療の世界でのＤＮＡ解析による新しい診断法や治療法の開発、人間の脳波とＩＴを結びつけたマーケティング分野での活用などもあり、ＩＴと結びつくことで劇的なイノベーションではなくても世界の景色を一変させてしまう可能性はある。また、従来の価値判断からすればむしろ機能や性能は低下しているのだが、異なる視点から見れば従来にはない価値を生み出せる可能性が高まっている。

現在の流行りの言葉で言えば「ディスラプティブ」、破壊的な技術になる。

例えば「Ｃ２Ｃ教育」もそうだ。従来の学びは、先生対生徒だったが、「Ｃ２Ｃ教育」では、ネットを利用して特定の問題に詳しい人が教えて、それでいくらかの報酬を得る。シェアリングエコノミーの一つかもしれないが、そういうサービスが支持され、そのためのプラットフォームを用意する会社も出てきている。ＩＴが学校というもののあり方自体を変えてしまうのである。

「新たなＩＴとマイクロソフトの技術のシームレスな融合をめざす」と方向（戦略）を宣言すれば、「人工知能の機能を全製品の付加価値としてつけるにはどうすればよいか」などといった、全社的な取り組みの流れができる。

それはオフィス製品のような、これ以上は付加価値がつかないと思われていた製品でも同様だ。「使われ方」の膨大なデータを持っているので、使い方を助言したり、利用者個々の使い方に応じてヒントを提示したり、自動修正を施したりなどができるのである。音声アシスタント機能のコルタナにしても。音声認識や音声合成、自然言語処理、あるいは自動翻訳機能などさまざまな付加価値をつけられる。つまりなにもない素の機能としての人工知能ではなく、アプリケーションや、その利用データなどと人工知能が組み合わさることで高く強い付加価値を創出できるのである。

実際、なにとなにがつながるかに制限はないし、逆に言えばつながり次第で無限に付加価値を追求できる素地はある。マイクロソフトのシステムの一つである「スカイプ・フォー・ビジネス」には、社員の在籍情報を表示する機能がある。それがＣＲＭ（顧客管理システム）とつながると、お客さまからの問い合わせに至急で答えなければならなくて専門技術者のアドバイスが必要なときに、在籍情報を基に機動的で俊敏なサポート体制を築くことができる。将来的には、これに自動通訳の機能も加わる。これが顧客満足度を高め、新たな差別化要因にもなっていく。

これはなにもＩＴ業界だけの話ではない。他の業界でも、あらゆる業務がデジタル化する流れにある。ＩｏＴはものづくりからアフターセールスに至るまでのあらゆる分野にデジタル化を促すし、販売でもｅコマースの比重が高まっている。つまり、あらゆる部署や業務の付加価値の創造にＩＴが横串として突き刺さってくる。またＩＴを横串として連携できるようにしなければ新しいサービスや製品は生まれないし、結果的に付加価値も創造できなくなるのだ。

「結びつき」というキーワードは、いわばマイクロソフトが示した時代観、文明観であり、そこからオープンな互換戦略が導き出されている。

戦略は「なにを選ぶか」ではなく「なにを捨てるか」

しかし、そうした戦略は、やはり経営リーダーの交代なくしてはあり得なかったとも思うのである。

サティア・ナデラというインド出身で、文化の違うユーザーの存在を理解し、顧客目線も備えているマルチカルチャーの経営リーダーの登場が大きなきっかけになった。マルチカルチャーの経営リーダーがテクノロジーを見たときに初めて、どのような最終製品に仕上げたならば滑らず（失敗せず）、きっちりと差別化できた製品を世の中に送り出せるかの戦略を生み出せたのだ。それは「製品の監修力」と言ってもいいかもしれない。このレベルが、ナデラを初めとする新しい経営リーダーによってグンと向上した。

人は自分の強みを生かそうとすると必ず過去に固執するものだ。強かったから成功し、成功体験であるが故に間違ってはいないと思い込む。しかし成功体験こそが新たな発想を阻害する。このジレンマを打破するには違う考え方を持つ人物を経営リーダーに据えるしかない。詳しくは次章で述べるが、前ＣＥＯのスティーブ・バルマーが社長交代からピタッと会社に出てこなくなり、口出しもしない。そういう潔さも〝自省力〟であり改革と戦略を推進する力になる。

戦略策定と実行で経営リーダーに最も求められる姿勢は、「ぶれない」ということである。ビジョンの打ち出しは必須だ。どういう方向をめざすのかを明確にし、その上でぶれない。社内でも社外でもまったく同じメッセージを発信する。当たり前のことだが、発信内容がぶれていないことが共鳴を呼び、「そういうことか」と腹落ちを促す。

次に求められているのが、社内における「チアリーダー的マネジメント」だろう。いろいろな技術が結びついてディスラプティブな技術が登場する時代とは、とりもなおさず、組織間連携の重要性をはっきりと示し、促しているのである。発想の異なる人たちが接触して化学反応が起き、やわらか頭で新しい発想を出していかないと新しい戦略は生まれず、退場を迫られる。あらゆる分野で、そうした状況が出現している。そのなかで社内組織が蛸壷になっていることの弊害がどんどん大きくなってきている。もともと決められた組織のあり方だけでやっていてはうまくいかない。

だからこそ経営リーダーは「チアリーダー的」でなければならないと思う。「やろうよ、世界を変えるんだ」「これいいね。やってみようじゃないか」などと、部署間の枠を超えた議論を促していく。部署同士の連携は、経営リーダーが率先して半ば強引に進めなければなかなか実現しない。

経営リーダーの個人的な資質では、やはりポジティブに多くのものを吸収する人はパフォーマンスも高い。多くの体験に飛び込めば、ときには逆境に遭遇することもある。実は逆境の経験こそ戦略の重要性を学ぶ絶好の機会でもある。

「骨太の一番大事なところはなにか」。これを考え尽くさないと逆境から抜け出す術は見えてこないからだ。戦略思考は、苦しみ抜く経験をとおして身につくものでもある。

また戦略策定には、さまざまなフレームワークがある。アドバンテージマトリックスやSWOT分析、VSPROモデルなどといったものだ。これらのフレームワークは、先人たちが現状分析の精度を高め、戦略の有効性を確保するために苦労を重ねて生み出してきたものだ。これらを体系的に学ぶと、加速度的に戦略思考が身についてくる。

もちろんフレームワークだけですべてを考えようとするのは御法度である。経営リーダーは学校の先生をめざしているわけではないからだ。

経営企画室がつくった計画ではなく、経営者発信でつくらないと戦略は地に足がつかない。経営者自身が、「なぜ」「なぜ」と自分に問いかけながらつくっていく。例えば「イノベーターとはどのような人か」というテーマがあれば、その資質、性格、ビジネスでのあるべき姿までを経営者自身が自分に問いかけて練り上げていく。そうした作業があるからこそ初めて骨太の戦略になる。

コンサルティング会社では、「戦略づくりの要諦はなにを選ぶかではなく、なにを捨てるかにある」と教えられる。それは、なぜを繰り返すことによって研ぎ澄まされてくる分析の結果、優先すべきもの、後回しにしてよいもの、そして捨ててよいものが自ずと見えてくるからである。その上でビッグ・ピクチャーが姿を現す。

本章のまとめ

戦略を磨き抜いて、実行可能な戦術に落とし込み、徹底的にやり切る。本書で繰り返し強調しているとおり、結局は「トップのぶれない強い思い」「ビジョンを繰り返し共有する」「現場を激励して最後までやり切る」といった、「浪花節的」な情熱や泥臭い行動こそが、戦略の成否を決めるのだ。

人の心を動かすために、戦略・戦術のロジックがあるのであり、その逆ではない。少なくとも、私はそう信じている。

さて、「美しい戦略」がはまり、やすやすとライバル企業が追いつけない環境を築いても、やがて衰退の影は忍び寄る。成功の体験が強烈であればあるほど、そのくびきからは逃れ難くなる。

その兆候に気づき、手遅れになる前に変革に着手するにはどうすればいいのか。次章ではそのあたりをお話ししたいと思う。

第5章

なぜ、マイクロソフトは変わったのか？

――外資系IT企業にも大企業病は忍び寄る

マイクロソフトも大企業病を患っていた——2007年に私が同社に入ったとき、その評判は決して芳しいものではなかった。先進的で、日本のレガシー企業とは異なるオープンな企業文化を持っているというイメージをもたれがちなIT企業といえども、創業して40年近く経過すると、やはりさまざまな垢がこびりついてくる。

レガシー業界と異なるのは、そのスピード感だ。大企業病を放置しておけば、下手をすると数年で立ち行かなくなる危険性もある。そうした危機を、どのように戦略転換して乗り切ったのか。そして日本法人のトップとして、私が現場でなにをしてきたのか。

本書の2章〜4章で述べてきた「変革のリーダーシップ」のケーススタディーという意味で、ここではマイクロソフトの変革について見ていくことにしよう。

会社と社長にも「相性」がある

大手GMSダイエーの経営再建の主導権が、産業再生機構から丸紅に移ることになったのが2006年の夏だった。店舗閉鎖やノンコア事業の売却などの構造改革で自らの役割を終えたと判断した再生機構が、当初の予定より前倒しして株式の売却を決めたのである。これにより再生機構はダイエーの経営から外れ、丸紅がダイエー株の約45%を握る筆頭株主になった。

産業再生機構から就任を打診されて社長を務めていた私は、「機構の役割が終わったのならば、自分の役割も終わることになる」と考えていた。

実際、それまで堅持してきたダイエーの単独再生路線も、同業他社との提携を視野に入れる方向に変質していた。丸紅から派遣される取締役や社員の数はさらに増えるだろうし、丸紅の意向がより強く反映されていくのは明らかだった。

そうしたなかで社長を続けても、残念ながら経営責任はまっとうできない。社員に向かって「俺についてこい」とはとても言えず、言えば言ったで社内に無用な混乱を起こすだけだろう。そうなれば再生はさらに立ち行かなくなる危険性もある。私は、辞任する腹を固めた。就任からわずか1年5カ月間の「ダイエー社長」だった。

辞任して驚いたのは、「ぜひ我が社に来てほしい」というお誘いを60社を超える企業からいただいたことだった。私が松下電器産業に勤め、ダイエーの社長を経験したというので国内企業からのオファーがあり、また日本HPの社長を経験したというので外資系企業からもオファーがあり、その数は半々だった。経営再建中の会社とは限らなかった。それだけ現状を「変えたい」という企業が多かったのだ。

転身にあたっては、日本HPやダイエーの社長を経験して経営に思うところがいくつかあった。

「会社と社長の相性は、プロ野球チームと監督の相性と同じだ」と言った経営者がいる。企業がどのようなビジネスモデルを持ち、どのようなレベルの人材を備え、それらの競争優位が発揮されるための資本政策が取られているか等々。つまり企業を取り巻く環境は、企業ごとにすべて異なり、それを指揮するトップとの相性次第で強くもなり弱くもなる。

ダイエーでは、その相性はすこぶるよかったと思う。業績はよくなかったが、それは社員に問題があるからではなく経営そのものに問題が多かった。社員の高いモチベーションや能力、仕事への誇りは就任前の予想を裏切るものだった。実際、社員は「これ以上は無理だ」というぐらい一所懸命に働いていた。

私は私で、野菜売り場の改革である「新鮮野菜宣言プロジェクト」など複数の社長直轄プロジェクトを決め、互いの膝があたるような狭い会議室に私や本部社員、店舗社員などが集まり侃々諤々の議論を戦わせた。また閉鎖する店舗の閉店日には、秘書も連れず一人で店舗を訪ねて現場の社員と向き合った。店が閉まることへの社員の無念と屈辱を受けとめられるのは、社長である私しかいないと思っていた。

どこまでも泥臭く、逃げないで再建の糸口をつかもうとする思いを、社員も認めてくれていた。相性は悪くはなかったのだ。ただ資本政策が定まらず、再建方針もぐらついた。だからこそ次なる職場を決めるには、いくつか確認しておかねばならないことがあった。自分の役割があるのか。裁量権はあるのか。長く働けるのか。ステークホルダーとの関係はどうなっているのか。事業に競争優位はあるのか。将来は有望なのか。そもそもわくわくした気持ちで働ける場所であるのか。

「傲慢な会社」というイメージが一変

オファーのなかにマイクロソフト日本法人の社長もあった。しかも辞任後、早い時期から話をもらっていた。しかしマイクロソフトに対しては内心、あまり気が乗らなかった。

自分に合わないとも感じていたし、当時の私にはそれほど魅力的な企業には思えなかった。もっと言えば、アップルや日本ＨＰにいた頃からの経験では「マイクロソフトは、ちょっと傲慢な会社」というイメージを抱いていた。それは私だけでなく、多くの業界関係者が感じていたものだった。

私には自分なりの美徳観のようなものがあり、本人はその気ではなかったとしても他人に傲慢さを感じさせるような振る舞いや、気づきのなさが許せないでいた。日本ＨＰはマイクロソフトと取引があったので、商談の席などで何気に見せる「ウィンドウズ以外の選択肢はないのだから」「こちらが供給してあげているのだから」などといった態度に、「何様だ」「いつまでもやれるわけがないだろう」と腹の中で毒突いていた。

オファーしてくれているので面接だけでも受けてみることにした。マイクロソフトの本社は、アメリカ・ワシントン州シアトル郊外のレドモンドにある。今だから打ち明ければ、「一度はシアトルを見ておくか。二度と来ることもあるまい」と思っての渡米だった。この思いが嘘でない証拠に、私は娘を同行していた。観光のつもりだったのである。

ところがマイクロソフトの本社を訪問し、ＣＥＯのスティーブ・バルマーなど8人の幹部との面接で、私のマイクロソフトへの印象は一変してしまう。

幹部たちの印象は、「とにかく優秀」というものだった。それは仕事の能力の高さや頭脳の優秀さ（ＩＱ）だけでなく、ＥＱ（心の知能指数）の高さでもあった。人間力とでも表現すべき大きさ、深みがあった。その筆頭がＣＥＯのスティーブで、大胆さと繊細さを併せ持ち、包容力の大きさは一目見て分かった。物事を考える視点の高さも印象的だった。思いもよらない鋭い質問が飛んでくる。

例えばスティーブは、「マイクロソフトの日本での状況をどう思うか」と尋ねた。私は率直に、

「パソコンの企業から法人向けビジネスも担う企業への脱皮が少し遅れたのではないか。背景にあるのは個人向けビジネスの大きすぎる成功だ。商品力があまりにも強かったことが、法人向けビジネスに合ったマネジメントを構築する作業を遅らせてしまったと見受けられる」

と答えた。

「法人向けビジネスの強化は可能だと思うか」

「個人向けビジネスと同じ姿勢で法人向けのビジネスに取り組んだとすれば、顧客から信頼を得るのは難しい。先にも触れたように、日本ではマイクロソフトには傲慢なイメージがあり、それがぬぐい去られていないからだ」

私は遠慮なく言葉を重ねた。

「どうすればいいと思う」

「BtoBのビジネスは、BtoCのビジネスとは異なる。人と人のつながりと信頼が、ビジネスの原点だ。パートナーや顧客から地道に信頼を勝ち取らなければならないだろう」

スティーブは、日本について驚くほどよく理解していた。日米の文化やパソコン市場の違い、日本のあるべき姿まで熟知していた。聞けば、日本を理解するために半年間ほど日本に住んだこともあるという。だからこそ私の指摘にも大いに納得してくれたのだが、それはスティーブが日本について詳しいという以上に、スティーブが持つ「異文化理解の能力」の高さによるものではないのかと感じた。

そしてもう一つ、面接を受けた幹部たちの危機感の強さも印象的だった。ITの世界の変化や進化を語り、それに対してマイクロソフトがなすべき対策を強い危機感を持って語る。弱みを常に認識し、常に変革に真剣に取り組んでいる。「これほどの大成功を収めている会社が、さらにもっと上をめざさなければいけないと考えているのか」。正直、これほど強烈な経営姿勢に触れたのは初めてだった。しかも役員こそ誰よりも働くべきである、という強い倫理観を備えていた。

経営トップが日本をよく知っているからこそ日本人が日本法人のトップに就く重要性を理解していた。実際、マイクロソフト本社では、日本の大手メーカーからの出向者や常駐者も含めて数百人の日本人がＯＳ開発に従事している。また、ウィンドウズＯＳがインストールされているパソコンはもちろんのことプリンター、ストレージ、デジタルカメラ、ＵＳＢメモリーなどのウィンドウズ対応デバイスの７割が日本メーカーによって供給されてもいる。

日本人のトップに求められているのは、顧客と深く連携するだけでなくパートナー企業やデバイスメーカーとの深い連携であり、そのためにも日本人同士のコミュニケーションが欠かせないと判断していたのだろう。

私はいただいたオファーにはできるだけ応えたいと考え、帰国後も多くの会社と接触した。結果的に私が選んだのはマイクロソフトだった。その最大の理由はやはり経営幹部たちとの面談だった。その意味では、「どこで働くか」「なにをするか」よりも、「誰と働くか」を重視した決断だった。当初感じていたような傲慢さは、マイクロソフトの幹部たちにはなかった。もしこれが本当のマイクロソフトならば、こうした人や経営のあり方こそ日本に広めたいと考えたのである。

まずは泥臭く、お客さま行脚からスタート

アップルや日本ＨＰにいたので日本のＩＴ市場に土地勘や人脈がないわけではなかった。だからといってマイクロソフト・ジャパンは、即座に社長に就任して舵取りができるような会社ではない。それまではマイクロソフトでそれなりの経験を積んできた人物が日本法人のＣＥＯに就任していた。そこでまずはＣＯＯとして入社し、当時の社長だったダレン・ヒューストンと並行運転していくのがよいだろう、となった。ダレンは次の年にアメリカ本社に戻ると決まっており、私が期待通りの仕事をすれば社長職を引き継ぐ。それが暗黙の了解だった。

スティーブとの採用面談でも述べたように、私の印象では、日本法人の法人向け事業の体制は他の先進国に比べて遅れていた。日本でのマイクロソフトは、１９９５年のウィンドウズ95の発売以降、パソコンブームに乗って急成長した。パソコン向けに数を売るビジネスは必然的に、社員を減らして製品開発にお金を注ぎ、マーケティング力で需要を喚起するビジネス風土を生んでいた。しかし法人向けのビジネスモデルは真逆だ。顧客に丹念に説明を重ね、ニーズに合った製品を届け、その上でメンテナンスしていく。それは一見地味なものだが、強固な経営基盤を創るためには不可欠なものだ。

私の仮説はこうだった。法人向けビジネスが弱い根底には、人と人とのつながりの弱さがあるのではないか。法人のお客さまに中核システムとしてマイクロソフトの製品群を使ってもらうには、長い期間にわたって信頼を勝ち取らなければならない。中核システム、つまり基幹系のシステムはミッションクリティカルなものであり、なにかあったときにはきちんと話が通じ、迅速に対応できる体制が必要だ。それはつまり担当者の顔が見え、「この人がいるから信用できるのだ」と言ってもらえる体制だ。それがなければ絶対にうまくいかない。かつての法人向けのビジネスの経験からも、この仮説は間違っていないだろうと思っていた。

マイクロソフト日本法人の「法人向け事業担当ＣＯＯ」として入社したのが２００７年３月のことだった。社長のダレンがコンシューマー向け事業を担当する。私はマイクロソフトのビジネスについて全体像を把握すると同時に、１年間で約３００社にのぼる顧客・パートナー企業への訪問を企画した。この〝お客さま行脚〟で、当初の仮説が間違っていないのを確認するだけでなく、仮説が成立する前提や基盤がまるでできていないのを思い知らされるのである。

旧知のお客さまは、「また樋口さんと仕事ができるのは嬉しいね」と言ってくださる半面、マイクロソフトの現状については旧知だからこそ忌憚《きたん》なく手厳しい。また初めてお会いするお客さまに、「私どもの会社の印象を率直にお聞かせください」と伺うと、また同じような厳しい意見が発せられるのである。

「マイクロソフトの社員は、製品の話ばかりまくしたて、こちらの事情や経営課題を理解しようとする姿勢に欠けている」

「ホワイトカラーの生産性の話はできても、それが幅広い経営視点に立っていない」

「トラブったときも、どこか他人事のような対応がなされた」

極めつけが次の三つだ。

「マイクロソフトと取引しているが、マイクロソフトの人の名刺をもらったのは初めてだ」（ある会社の役員氏）

「当社にマイクロソフトの複数の部署の担当者が出入りしているが、担当者同士が連携しているのか疑問に感じるときがある」

「マイクロソフトのロゴは見る。よく知っている。うちも取引をしている。でも担当者の顔がすぐに思い浮かばないのですよ」

特に「顔の見えない会社」という意見は多くの人から聞かされた。

会社に戻って担当者に聞いてみると、誰もが「きちんと対応しています。訪問も欠かしていません」と心外だと言わんばかりだ。だが、同じお客さまでも別の部署を誰が担当しているのかを聞くと、「それは知っていますが、一緒に動くようなことはありません」と言う。

「なるほどな」と思った。お客さまが言うように、自分のことしか考えず、自分の提案しかしていないので顔は見えても人間味がない。それだけお客さまの印象は薄らぐし、ときには反発も招く。自分に与えられた役割しか眼中にないので他人を気づかうこともない。同じ取引先なのに連絡を取りあったり、協調してアプローチすることもない。

より重症だったのは、そうした個人主義的な対応は、外資系企業だから当然で、むしろ格好のいいものだと認識されている節があった点だ。お客さまとの親和感の薄さもまた、「顧客とはそのように付き合うものであり、それ以上でもそれ以下でもない」と勝手に規定していたのである。

役割は「火消し屋兼謝罪屋兼ゲリラ」

お客さまとの親和性のなさが端的に現れていたのが品質問題、つまりトラブル対応だった。日本のユーザーには、外国から「日本品質」と呆れられるぐらいの品質へのこだわりがある。それは法人でも個人でもまったく同じだ。ハードウエアだけでなくソフトウエアでも、またサービスでも共通している。だからこそ日本製品の品質は世界でも高く評価され、「オーバースペック」と揶揄《やゆ》される一方で憧れの的にさえなっている。

法人向けでは、ＩＴシステムはミッションクリティカルな存在になっている。もしトラブルが発生すれば事業はストップしてしまう。それほどビジネスにＩＴは深く根を張っている。お客さまのトラブルへの不安や、トラブル発生時のレスキュー体制への期待は計り知れないほど大きい。それをマイクロソフトの担当者がしっかりと受けとめているかと言えば心もとない状態だった。私たちが世界一厳しい「日本品質」の国で、最もミッションクリティカルな業務に関与しているという自覚が乏しいのだ。

マイクロソフトのソフトウエアの使われ方はさまざまだ。ソフトウエア単体として使われる場合もあれば、複数のソフトウエアがシステムに搭載される場合もある。互換性や相互運用性を確保するとはいえ不具合が絶対に発生しないとは言えない。その原因がマイクロソフトの製品にはなくても、お客さまへの対応を間違えて大きなクレーム問題になっているケースも少なくなかった。

複数のソフトウエアがシステムに搭載される場合、予想されるトラブルについての情報があるのに担当者がお客さまやシステムベンダーに提供していない事例もあった。またお客さまからのクレームを、たらい回しにし続け、最終的に誰も対応せずに放置したままだったりしたこともあった。

「これはまずい」と思うと同時に、「品質問題に取り組まない限り、なにも前に進まない」と確信した。そこでマイクロソフトに入社して半年後の2007年9月に、社長直轄の「CQO（Chief Quality Officer＝最高品質責任者）」を設置した。責任者として招いたのは日本HP時代の同僚で、彼には「品質責任者だがデータの集計屋にならないでくれ。君の役割は火消し屋兼謝罪屋兼ゲリラだ」とお願いした。

しかも「品質」は、製品・サービスそのものの品質、営業やサービス担当者の考え方やコミュニケーションの品質、トラブル発生時の会社としての対応の品質などさまざまな角度からアプローチしてもらう。マイクロソフトのなかでもCQOを設置したのは日本が初めてのことだった。

トラブル情報が伝わるとCQOは、すぐに飛んでいく。そしてまず謝る。怒られても怒られてもお客さまを訪ねる。原因解明や対処には全権を与えた。関連する部署の技術者などを集結させる権限や、関係するベンダーと協力しなければ解決できないようなトラブルであれば自分の判断で乗り込んでいく権限、さらにはマイクロソフトの本社と協議しなければならないのであれば海外出張を決める権限など、とにかくゲリラとして自由に動けるようにした。

しかも単なる技術品質の対応役だけでなく社内のコミュニケーションの状況、ミスコミュニケーションを生み出している社内の組織的な問題、果てはマネジメント層の業務に対する取り組み方まで踏み込んでいくのだから、現場の社員にはうざったい存在であったろう。

　ダイエーのときと同じように、膝がぶつかりそうなくらいの小さな会議室で、「Aはこう言っているが、Bはどうなのだ」と徹底的に議論する。ただ検察官のような真相解明を目的にした取り組みではない。「日本マイクロソフトが、部門の壁を超えて全社一体となってお客さまに対応する」。そうした取り組みが必要であり、そのための膝詰め談判だ、と社内中に見せつける。それがCQOの役割だった。

　とは言え、損な役回りだ。そんなことは昨日入社した新入社員でも分かる。だが損な役回りだからこそCQOのアピールは絶大な力と浸透力を持つ。

　一度お客さまの信頼を失えば、それを回復するには5年はかかる。噂が広まれば、業界全体から敬遠されてしまう。そうした例を私たちは嫌と言うほど見てきた。「全社のベクトルを合わせてお客さまをお守りしないと、マイクロソフトといえども潰れる。お客さまの要求やクレームから絶対に逃げてはならない」と訴え続けた。

　実際、多くの人が知っているように「トラブルは宝の山」である。トラブルはうまく対応できれば信頼を獲得できるチャンスになり、新たな商談をいただけることも珍しくない「最大のプリセールス活動」だ。災い転じて福となすである。

外資系ならではの悪しき個人主義にメス

もう一つ、どうしても取り組みを急がなければならなかったのが「組織間連携」「組織ののりづけ」だった。

あるパートナー企業から、「マイクロソフトは、1つの会社に見えない。部門ごとに寸断されていて、その間にコミュニケーションがないから出てくる話はバラバラで、ワンチームとしての統合力も感じない」と厳しく指摘された。これも、もっともな指摘だった。

マイクロソフトには大きく分けて一般コンシューマー向けのビジネスと法人向けのビジネスがある。双方の組織は、まったく風土が異なっていた。法人向けの組織でも大規模企業向け、公共機関向け、中堅・中小規模事業所向け、ソリューションパートナー向けの営業部門、ウィンドウズやオフィス製品のOEMやライセンスビジネス部門、マーケティング部門、技術のエバンジェリズム部門など複数の組織に分かれ、これがまた違った風土で動いていた。

それぞれのビジネスに求められる風土が違うので自らの風土も違ってくるのは当然だと

しても、より問題なのは、風土の違いがビジネスニーズから発想されたのではなく、それぞれが閉じており、独自的で、いろいろな点で組織ごとの部分最適なオペレーションに終始していることだった。マーケティングもバラバラだった。

例えばイベントを開いた際には、マイクロソフトとして発信したいメッセージがユーザーに届いたのか、想定した効果を生み出せる状況をつくり得たのかなどの本質的な課題は後に置き、何人集まったかや自分たちに都合のいい成果だけを報告するような、社内の点数のみを気にする風潮があった。

それらの背景には、「外資系企業だからこそ」という悪しき個人主義が横行していた。「ワンチーム」「部門間の壁を超えて統合的な提案ができる業際的企業」は、言葉はきれいだが実現は至難だ。ただ一つ、トップがメッセージを発して身体を張らないとできないことだけは確かだ。

各部門には権限があり、枠もある。ワンチームをめざしてなにかをやるために組織の枠の中を覗こうとしても、「うまくいっていますので」と内情を見せてもらえない。「うまくいっていますので」と隠したがる組織ほど、なにか悪い状態が隠れたりもしている。組織間の協調ができていないと全社的な仕掛けを用意できず、あえて手を打っても戦略は小ぶりにならざるを得ない。しかも各部門はマイクロソフト本社の部門と直結しているので、社長としてはワンチームを標榜してもちょっと宙に浮いたような中途半端な状態に追いやられてしまう。

私はまず、法人向け事業に関連する組織すべてに関わる、ある戦略を組織長で議論してみようと提案した。みんなが集まり、「ワイガヤ」をやってみようというわけである。聞けば、通常の役員定例ミーティング以外に集まることはほとんどなかったという。例によって膝がくっつくような狭い会議室をあえて用意して狭苦しく、相手の息づかいも分かるようななかで、一つの製品の戦略をめぐっての組織を超えた議論を展開してみた。

議論は白熱どころか侃々諤々の凄まじいものになった。「製品は十分に練られているのになぜ営業部隊が販売に力を入れないのか」「製品情報が十分に提供されないのに、どう売れというのだ」「共同で横断的にできるプロジェクトはあるのになぜやらない」「今の組織のあり方が阻害しているのじゃないか」「一度、プランを練ってこの会で議論してみようじゃないか」。

出るわ、出るわ、である。組織長からは「こんな議論をしたのは何年ぶりだろうか」「面白かった」との声が出てきた。

ダイエーのときもそうだった。社長直轄プロジェクトで各部門の社員を集め、議論してもらうと、まず各部門の事情や言い訳が先に立つ。「私たちの守備範囲はここまでです」

と公言してはばからない幹部もいる。「期初計画とは違う方向になります」と懸念する幹部もいる。ダイエーもマイクロソフトも、議論が対立して収拾がつかなくなると、偉大なる創業者が一人で決めた方が速い企業だった。それに慣れている幹部は、決して一線を越えようとしないのだ。

それをごりごりと責め合わせていくと圧力の力で枠が溶けていき、相手への理解と自分ができることへと関心が移っていく。それをぐいぐいと押し出すのは経営トップである社長の役割だ。

社長には人事権限がある。これを露骨に言うのは本意ではない。しかし「コラボレーションが必要だ」という社長の方針に反して「できない」と言ったり、自分の出世しか考えられない二流の行動を取り続けるのであれば、トップは毅然と評価を下さなければならない。「社長は退く気はないぞ」と全社に示さなければならない。そうした基盤を創っておかないと、事業戦略を組織に乗せようとしても全社的な動きにはならないのである。

トップダウンが万能だと言うのではない。トップダウンか、ボトムアップか、両方のバランスを取るかは業種業態、組織の状況などによって異なる。例えばBtoCのビジネスでは、優れた製品が出て優れたマーケティングを展開すれば売れる。トップダウンが有効な分野だ。一方BtoBでは、優れた製品と優れたマーケティングの他に、優れたサービスと保守が付加されなければならない。しかもサービスと保守は、マイクロソフト本社ではなくローカルの各法人が創り出す付加価値であり、それだけお客さまのニーズの探究が大事になるのでボトムアップが重要となる。

会社の針路を大きく変えるターンアラウンドのときは、もっと大胆にやらなければならない。破壊と創造を仕掛けるのだから、平時のように職制を通じて現場に落とし込もうとしてもなかなか伝わらない。「こういう方向に弾を飛ばすぞ」とトップが担当者レベルに直接伝えるダイレクトコミュニケーションの方が圧倒的に有効だ。

ダイエーもマイクロソフトもそうだが、優秀な人が多い組織とは面白いもので、こちらが訴えていることが各自の腹に落ちると強烈なパワーを発揮し始める。それは、見事としか言いようがないほどの素晴らしさ、楽しさである。

だが、IQの高い集団ほどモチベーションのあり方を無視してはならないのも事実だ。そのモチベーションの源泉とは、「人に褒められるのが嬉しい」だ。給与や福利厚生があるレベルを維持しているのであれば、ひたすらに褒められること、しかも尊敬している人に褒められることが人を突き動かす。だからこそトップは、尊敬される存在であろうと努力しなければならないのだ。

私は2008年4月に、マイクロソフト株式会社の社長に就任した。その半年後にはリーマンショックが起こり、他の企業と同じように苦戦を強いられるのだが、社長直轄の部門横断プロジェクトに次から次へと着手して組織間連携の手を緩めなかった。トップが強引なまでに部門ごとの布を引き寄せて縫い合わせ、のり付けすれば、否応なしに協調策を探り、ワンチームへと動きが変わってくる。それを可能にするシステムや評価する仕組みを用意して脇も固めた。

毎年一度、全世界から約1万5000人のマイクロソフトの社員がアメリカに集まる「マイクロソフト・グローバル・エクスチェンジ（MGX）」というイベントがある。いわば社員総会だ（もちろん全世界のすべての社員が集まれるわけではない）。実は参加者の座る席は事前に決められていて、アリーナ席に座れるのは表彰を数多く受ける国である。つまり業績がよかった国だ。

マイクロソフトでは日本市場は、「先進6カ国」という最も大きな市場の一つに位置づけられている。だが私が社長に就任したときは、そのなかでの成績は6位、つまり、びりけつだった。MGXでは日本から参加した400人近い社員は2階席を指定され、アリーナでの表彰風景を眺めなくてはならなかった。

しかし、その後の改革をバネにマイクロソフト・ジャパンは過去5年間で3回、「最優秀カントリー」として社内表彰を受けた。当然、MGXで陣取ったのはアリーナ席最前列である。社員たちの達成感は生半可なものではない。

ゲイツとバルマーの存在が、変革の阻害要因だと自ら判断

当たり前の話だが、成功体験のない企業は成長しない。成功したから企業は成長する。しかし同時に、企業の成長を阻み、改革を阻む最大の壁もまた成功体験である。そのジレンマの解明に多くの経営学者が挑み、多くの経営者が悪戦苦闘を重ねてきた。しかしいまだに成功体験のジレンマの解消に多くの知恵を見つけるには至っていない。

シリコンバレーでは、ＩＴ業界で大成功を収めつつも成功故に自己再生できないでいる「旧帝国」がたくさんある。多くの企業が栄光を取り戻そうと必死にもがくが、復活の狼煙を上げられた企業は少ない。

２０１２年、グローバルのマイクロソフトも、その宿命的な流れからは逃れられないのではないかという観測が日に日に高まっていた。ＰＣが中心だったデバイスは、すでにスマホやタブレット端末に変わり、そうしたスマホやタブレットのなかでのウィンドウズの存在感はなかなか盛り上がっていなかった。

経営学的には、できることの最高の要件をめざし、同年に鳴り物入りで発売したウィン

ドウズ8は、結果的に失敗に終わっていた。マイクロソフトになにが足りなかったのか。8が劇的であるが故にユーザーになじまなかっただけなのか、それとも私たちが気がついてはいない根本的な問題があるのか。

この苦悶の過程でビル・ゲイツやスティーブ・バルマーが見せた決断は、実に見事なものだった。結論を先に書けば、「2人の存在自体が企業変革を阻害する〝真因〟である」と自分たちで見切ったのだというふうに見える。

スティーブは13年夏に、「後継者が任命された時点で退任する」と表明し、14年2月にサティア・ナデラが新CEOに任命されると、「これからはサティアの時代だ」と会社にまったく出てこなくなった。当然、口も出さない。潔いというか倫理的というか、その振る舞いは美しくさえある。ビルも、技術顧問的なアドバイザーであるが、決して枠を超えるような振る舞いはしない。

後にサティアは、ビルやスティーブの〝分身〟ともいえる「マイクロソフト　オフィス」のマルチプラットフォーム展開や、ウィンドウズの9インチ以下デバイスへの無償ライセンス提供などに踏み切る。これまでマイクロソフトの収益の柱だった二大製品の無償化は、社内にも業界にも大きな衝撃を与えた。ビルやスティーブにとって「オフィス」は我が子同然の存在だ。無償化など、自分たちが経営の中枢にいれば絶対にあり得ない選択肢だったろう。サティアの決断は、二人には痛苦であったとさえ思う。

しかし携帯デバイス事業で後塵を拝し、急成長の兆しを見せていたクラウド事業でも出遅れている現実を変革するには、マイクロソフトの発想にしがらみがないトップに託すしかない。トランスフォーメーション（事業の構造的変革）やターンアラウンド（事業再生）にあたっては、それを誰かの手に委ねなければ真の意味で組織を変革することはできない。リセットは成功体験に縛られている者にはできないのである。ビルもスティーブも、それを完璧に理解し、覚悟ができていた。ここに二人の素晴らしさがあった。

１９７５年の創業以来、40年ほどで売上高で10兆円、10万人の従業員を抱える企業を創りあげてきたコンビが、「会社の持続的な成長の限界は自分たちに原因がある」と自己否定するのである。この倫理観の高さはなんだろうか。常に環境の変化に対する危機感を失わず、自己点検を怠らなかった経営者が、それでもなお状況の変化に対応できずにいることへの、もう一段高い倫理での処世である。

しかも二人は、マイクロソフトに十分な財務基盤があるうちに決断している。ここも絶対に見落とせない。シリコンバレーに限らず衰退企業の多くは、財務余力がなくなって初めて経営交代が実現する。これでは、残された者が、再生の芽を見いだすのは至難だ。まさに栄養分が十分に残っているから土壌や肥料を替えればタネは芽を出せるのである。

どの経営指標を見てもなんら問題はない。そのときにこそターンアラウンドを仕掛け、実行できる人間に託す。ちょっと小難しく言えば、経営の財務的な危機がないときにこそ弁証法を使う。従来のあり方と、その真逆の方向性をあえて対立させて、まったく違う新たな姿を生み出そうとする。それを実践できるのは、託す者と託された者の両方が、取り組みの意味を理解しているかどうかにかかっていた。

デバイスフリーで規模の経済性を追う

新ＣＥＯに就任したサティアには課題は山積みだった。携帯型デバイスやクラウドなどの出遅れた分野への対応、新しいウィンドウズＯＳの開発、オフィス製品群の戦略的な立て直し等々。「一度でも躓《つまず》いた大企業は自己再生はできない」というＩＴ業界の熾烈な常識に挑むといっても過言ではなかった。

サティアの発想、事業戦略、そこから派生する経営戦略などを端的に示しているのが２０１５年７月にリリースされた「ウィンドウズ10」だ。世界１９２カ国で同時リリースされ、ウィンドウズ７と８・１のユーザーには無償でアップグレード版が提供された。１年間の無償アップグレードの提供と、幅広いデバイスの発売により、２０１６年６月末の時点で3億5000万台以上のウィンドウズ10搭載デバイスが稼働していた。

10の開発思想は、「ワン・ウィンドウズ」である。一つのOSであらゆるデバイス、つまりパソコンだけでなくスマホ、タブレット端末、ゲーム機、大型デバイス、IoT機器など、すべてを動かそうというものだ。

そもそもマイクロソフトのOSは、ユーザーにとって必要でかつ共有できるプラットフォームを提供する商品だ。例えば、ウィンドウズOS対応でさえあればプリンターやDVDなどの周辺機器はメーカーの違いを気にせずに選べる。OSが共通のプラットフォームを提供しているからだ。だからこそパソコンメーカーや周辺機器メーカー、アプリケーションメーカーは、より使い勝手のよい機能やデザイン性などで商品開発力を競うことができる。この思想が、10ではデバイス全体へと拡張された。

このシンプルな開発思想は、さまざまなメリットを生み出す。

まずユーザーにとっては、デバイスによって使われるOSの違いがないので同じインターフェースが提供され、あらゆる状況下でも共通した作業、情報の活用が実現する。10の下で作成されたり収集された情報であるならば、パソコンでもスマホでもタブレット端末でも共有できるし、加工できる。いわゆる互換性という概念自体を必要としないほどだ。

アプリケーションの開発者にとってのメリットも大きい。開発のプラットフォームが一つになったことで、開発した製品はパソコン、スマホ、タブレット端末など広範なデバイスに展開できる。それはとりもなおさず収益機会の拡大に他ならないし、先に取り組んだ者の方がより大きなメリットを享受できるのである。

さらにマイクロソフトのクラウドプラットフォームである「マイクロソフト　アジュール（Microsoft Azure）」でもオープン化を進め、LINUXでもオラクルでもSAPでも他社のOSやサービスを含めて種類を問わずに稼働できるようになっている。このためシステムベンダーは、開発環境の違いに振り回されることがなくなり、よりローコストで柔軟性の高いシステムを提案できるようになる。お客さまのニーズに、より機動的かつリーズナブルに対応できる基盤ができたのだ。

その結果、コンシューマー向けと法人向けシステムの区分けも必然的になくなり、セキュリティ面でも非常に安全・安心な利用環境をユーザーに提供できるようになる。自宅のノートパソコンを会社に持ち込むという従来のセキュリティ環境では考えられなかったデバイス利用も可能になってきており、今後は当たり前のものとして普及していくだろう。

サティアの事業戦略は、きわめて明快だ。iOSやアンドロイドがメジャーになっているのだから、「その力を利用させてもらわない手はない」というものだ。

ｉＯＳやアンドロイドの世界でも、マイクロソフトのオフィス製品をどんどん使ってもらえばよい。スマホやタブレット端末でのオフィス製品の無償利用は、そうした発想から生まれている。いわゆる「デバイスフリー」をいち早く実現するのである。

なぜかと言えば、規模の経済性を握るのが鍵だからだ。ＩＴの世界では、規模の経済性を握らなければ先行逃げ切りも、逆転追い込みもできない。この点だけは絶対に譲らない。これもまたシンプルな方針だ。

「絶対に逃げるな」というトップからのメッセージ

私はマイクロソフト・ジャパンの社長としてサティアよりも一足早く組織改革を進めていた格好になる。２０１１年には、日本法人の設立から25周年を迎えたのを機に社名を「日本マイクロソフト」へと改めると同時に、都内に分散していたオフィスを統合した。社名変更は、より主体的に日本社会への貢献を行うとの意思表明であり、オフィスの統合は組織統合の効果を高めるためのものだった。

そしてウィンドウズ10の開発に込められたサティアの組織改革の考え方に、私は強い共感を抱いている。偉ぶるわけではないが「基本は同じだ」と感じるのである。

サティアがCEOに就任した直後に真っ先に掲げたのが「マインドセット（Mindset）」である。彼は社員に宛てたメッセージのなかで、「I believe that culture is not static.（私は、文化とは静止しているものではないと信じている）」と書き、新たなマイクロソフト文化の構築と進化の必要性を訴えた。具体的には、「モバイル・ファースト（Mobile First）」「クラウド・ファースト（Cloud First）」だった。これからの開発は、モバイル系のデバイスでの活用をまず考え、クラウド技術との連携を進めるというのである。

そして彼が、マインドセットの決定的なスローガンとして打ち出したのが「カスタマー・オブセッション（Customer Obsession）」である。オブセッションとは、「妄想」が原意だが、「顧客第一主義」などというレベルではなく、もっとはち切れたような「顧客の虜」になりながら仕事を見直そうとの決意を示したものだった。これは、「お客さまから、現場から、絶対に逃げるな」という私の考え方と同じだと思った。

マイクロソフトには個人のお客さまも法人のお客さまもいる。にもかかわらずマイクロソフトは、多くのユーザーの声を聞いていただろうか。自らの技術への強烈な自負があるが故に、市場の声を聞くのを怠り、開発者もセールスもお客さまに目が向いていなかったのではないか。そんな素朴な反省が、組織改革の大きな軸に据えられた。

カスタマー・オブセッションを単なる掛け声に終わらせず、実現、実践する場とされたのがウィンドウズ10の開発だった。そもそも一つのOSであらゆるデバイスを動かそうとするのだから連携が求められる要素技術は多い。iOSとアンドロイドという異なるOSでも、LINUXやオラクル、SAPなどまったく異なる思想と仕組みでできている基幹業務向けシステムでもマイクロソフトのクラウド上で動く。

それらを実現するためには、利用されている製品とユーザーの利用の仕方をつぶさに探り、一方でマイクロソフト社内に分散している技術を擦り合わせて統合し、より高い価値を創出しなければならない。製品部門間のセクショナリズムを廃し、コラボレーションを促し、重複する開発テーマをなくす。開発者たちは否が応でも他部門の技術者との擦り合わせが必要になり、「部門間を超えた議論などやったことがなかった」組織に楔が打ち込まれていった。ウィンドウズ8までは、「少数の天才的な技術者たちが創った方がいいものができる」と考えられてきたが、その風潮は、完全に破壊された。

マイクロソフトは決してマーケティングの上手な会社ではない、と私は感じていた。以前は製品のネーミングもロゴもバラバラで、会社名の知名度は高いが、それ以外のブランド力はとてもグローバルリーダーと言えるレベルではなかった。お客さまやパートナーからも同様の声を聞くことは多かった。

サティアは、「ワン・マイクロソフト（One Microsoft）」の考え方で、強力なマーケティング部隊を組織して各種のロゴやインダストリアルデザインの統一を進め、より鮮明なメッセージを世の中に発信させた。例えば「オフィス」製品のロゴの刷新では、「オフィスが提供する価値は、常になにかを成し遂げようと願う人々を応援し、あらゆる制約から人々を自由にするものだ」というメッセージを重ねた。

それによってマイクロソフトがめざす方向を社員自身に理解させる。つまり社外への宣言を、社内ガバナンスを強固にする梃子《てこ》ともしたのである。

わずか1週間でリーダーシップチーム（最高幹部）の人事変更

トップが声高に訴えるだけで改革が進むほど、組織は甘いものではない。大きな方針の下で育まれていく新たな文化になじめない人はいるし、成功体験があればあるほど新たな方針への拒否感は強くなる。

だからこそトップには、リーダーとしての強権発動が許されている。サティアは、「私たちが、自らの特別な能力と学びをもってチームとして歩むならば、私たちは個人として、チームとして成長し、顧客やパートナーとの関係を強化でき、機会と事業を拡大できる」と訴えた。はびこる個人主義、秀才主義、自分だけの出世を望むような意識の変革を求めると同時に、その方針に異和感を持つ人たちへの宣戦布告だった。

個人的に「おっ、これは速いな」と思ったのは、サティアがＣＥＯに就任して１週間も経たないうちに、リーダーシップチーム（最高幹部）の人事変更を行ったことだ。そのなかには前ＣＥＯ社長のスティーブが登用した人物もいた。しかしサティアにためらいはなかった。サティアがめざす新しい会社の方向性・文化への変革を考えたときに、ベストな体制を迅速に組むことを優先したからだ。

ウィンドウズ10の開発では、新しいインサイダー・プログラム（Insider Program）という手法を取り入れ、開発段階の製品をユーザーに試用してもらい、世界中の多くのユーザーからフィードバックを集め、それをいかに新しいＯＳに組み込んでいくかの検討が繰り返された。つまりユーザーが製品開発プロセスに参画してくれたのだ。ＯＳ開発では、たくさんのユーザーに事前に利用してもらい、利用する際の挙動を科学的に分析する手法も導入されている。例えば、マウスの矢印の動きから、目的の仕事に分かりやすく端的に移動できるようなアイコンの配置などは何度も検証される。

ただ、そのような意味でのユーザー検証とは、10は明らかに違うのである。開発段階からたくさんの個人ユーザーに使ってもらい、一方ではシステムインテグレーターの人たちにも基幹システムとの融合性などについて意見を求める。「カスタマー・オブセッション」は、こちらが入れ込むのだから、協力してくれる人であればとにかく評価をお願いする。ウィンドウズが活躍できているさまざまな分野で、さまざまな人たちから意見を募る。

正直に言えば、これは手間のかかる仕事である。しかし断固としてやり抜かなければならない仕事でもあった。徹底してユーザーの声を聞き、「愛される、使いたくなるウィンドウズ」をめざした。なぜならば「カスタマー・オブセッション」、マイクロソフトのトップは、「顧客の虜になれ」と指揮しているのである。一方で、その意味を理解できない幹部も多くいたようだが、組織改革のスピードが緩むことはなかった。

方針をより実効性のあるものにするために、人事評価の手法も変わった。ビル・ゲイツの時代は、確かにIQの高い優秀な人が高い評価を得ていた。しかしサティアは、人事評価にチームや他の人、他の部門への貢献という項目を多数盛り込んだのである。他の人と協調してチームとしての力を強めるような行為こそが評価される、と。

R&D部門の改革でも同様だった。それまでは製品化を意識しない、研究のための研究というテーマが少なくなかった。それはそれで技術の基礎力を高めるメリットがあり、負の側面ばかりを強調してはいけないように思う。

だがサティアは、「もっと製品化を意識した研究をやろう。それは市場の声に耳を傾け、市場に近い、インパクトの強いビジネスに結びつくR&Dである」とカスタマー・オブセッションによる再定義を行った。そのためには営業やマーケティングの意見も聞かなければならない。自らが市場を見に出かけなければならない。結局、自らの垣根を壊して協調する仕組みを創らなければ実現できないことが、使命として打ち出されたのである。

私が一人のユーザーとしてウィンドウズ10が好きなのは、マイクロソフトの全社員がこれほど一体となってお客さまと向き合って送り出したウィンドウズOSは、10をおいて他にないと確信できるからである。

ユーザーの使い勝手を検証するテストは、過去のOS開発でも慎重かつ深くなされてきた。10は、そのような意味でのユーザー本位ではなく、本当に多くの人に使ってもらい、改善点を探り、期待に応えられるような技術を織り込む。逆に天才的な技術者の発想を理解してもらうために、どのような工夫が必要かを聞く。お客さまと一緒につくり込んでいく、ということでは10ほどの取り組みはそれまでなかったのではないか。

こうした改革により、マイクロソフトは衰退ではなく、新たな成長を手にすることができるとの確信を得たのである。

本章のまとめ

どんな企業にも、衰退の波は押し寄せる。そんなとき、成功体験にどっぷりとつかった内部の人間では、大なたを振るうのは難しい。だからこそ、「プロ経営者」にお声がかかるのかもしれない。

マイクロソフトは、まだそれほど会社が傷んでいない状況で変革に手をつけることができた。日本企業の場合は、この段階で強権をふるって改革を進めるのは難しいかもしれない。しかし、ダイエーほど傷んでしまうと、社内からの抵抗は少ないかもしれないが、そもそも復活のための体力が失われてしまいかねない。

そのタイミングを見極めるのも、外部者である「プロ経営者」の重要な役回りと言えるだろう。

第6章

これからITはビジネスをどう変えるのか？

――クラウド革命とITリテラシー

私が会長を務める日本マイクロソフトは、いわずと知れた「ＩＴ企業」である。だから、というわけではないが、今後もＩＴが企業の競争力の中心となり、ＩＴを使いこなす力＝ＩＴリテラシーが重要なビジネススキルである、と考えている。

世界最大手のＩＴ企業であるマイクロソフトが、今後どんな戦略をとろうとしているのか。そしてこれからＩＴの世界はどうなっていくのか。これらについて私の考えをお伝えすることは、読者のみなさんにとっても有益であると考える。

第６章では「ＩＴのこれから」について見ていくことにしたい。

クラウド時代でもOSの付加価値競争は終わらない

マイクロソフトは、ビジネス向けとコンシューマー（個人）向けの両方の製品をもっており、そのビジネスマーケットの違いをどのように克服していくかという課題を常に抱えている。

法人のIT担当者にとってみれば、マイクロソフトはサーバーOSやユーザー端末のOSを担っている重要な存在だ。システムの安定性やセキュリティの堅牢さも含めてマイクロソフトがどのような対応を取ってくれるかに関心が高い。一方で、個人向けではMacOSにはない魅力をアピールし、パソコンのある生活がどのような豊かさを提供するかを提示できなければいけない。マーケティング施策もチャネルも異なる。

とはいえ、両方をやっているからこそソリューションをシームレスに提供できるという大きなメリットがあるのも事実だ。

我々の努力がまだ足りないせいか、意外に知られていないのだが、ウィンドウズOSには、企業用のサーバーOSなどで培った最先端の技術が惜しげもなくつぎ込まれている。その象徴がセキュリティで、企業向けで培われて来たセキュリティ技術をウィンドウズO

Sに盛り込むことで、より安心・安全にパソコンが使える環境を提供している。

これまでもOSとしての付加価値はずっと増殖させ続けてきた。それに対して「これ以上は新しい技術はいりません」と言われるならば、それは「ユーザーが驚き、支持してくれるような新しい付加価値を提供できていない」と言われているのに等しい。したがって、ビルトインされたウィンドウズならではの付加価値は、ウィンドウズを提供し続ける限り追求していかなくてはならない。

ウィンドウズはこれまで、パソコンにプリンターなどの周辺機器をつなぐだけで自動的に機器を認識して使えるように設定する「プラグ&プレイ」や、ネットワーク接続のためのプロトコルの自動設定など、さまざまな技術を標準化して付加価値としてコンピュータに提供してきた。

ただウィンドウズに付加価値をつけ続けるという方針は今後も変わりないが、従来とは違った形になっていくのは間違いない。ウィンドウズ独自の技術だけでなく、ウィンドウズの方からさまざまな技術にアプローチしていき、それらを取り込んでいくケースが増えるのではないかと考えている。

そこで実現できたことをウィンドウズOSだけにとどめるのか、クロスプラットフォームでiOSやアンドロイドにも提供するのかなどは戦略次第になっていく。今現在、iO

Sやアンドロイドのシェアが高いので、クロスプラットフォームで提供しているものの、あるところで差別化してウィンドウズだけにとどめることも戦略的にはあり得るだろう。

つまりOSとしての競争は終わっていない。パソコン本体のローカルレベルでどこまでユーザーに最大のメリットを提供できるかというテーマがある限り、そこでの差別化は可能である。

その上で私が期待をかけるのが「クラウド」への大変化だ。

OSが提供するローカルレベル、つまりパソコンにインストールされて提供するインテリジェンスや付加価値と、クラウドにつながることで提供できる付加価値は、どちらが重要かという話ではなく、両方プラスで付加価値になるものだ。これに企業向けサービスで培われてきたセキュリティやデータ活用の技術が個人向けにも還元されていく。

現在であれば例えば「コルタナ」のような人工知能をベースにしたデジタルアシスタント機能を、すべてのプラットフォームの標準的でベーシックな機能として盛り込む。生体認証や自動翻訳、さらにはホロレンズや3Dインターフェースなどもウィンドウズの標準機能として入ってくるだろう。

実際、ホロレンズはウィンドウズ10で動いており、デジタルアシスタントとスカイプは連携もしている。いろいろな機能が、あたかも細胞と細胞が結びついて生体を形づくるように連携し合い、そのつながりの一番の起点にウィンドウズがある、という考え方だ。これはウィンドウズにいろいろな付加価値が盛り込まれている証しでもある。

人工知能にも同じようなことが言えるのだが、クラウドを使ってパワーを発揮させる場合と、リアルタイム性を重視してパソコンの本体にインテリジェンスを持たせる場合の両方の活用策がある。おそらく、パソコン本体、つまりローカルでのソフトウエアとサービス、それとクラウド側からのサービスを組み合わせた形で提供されていくだろうと思う。これはかつて「ソフトウエア・プラス・サービス」と呼ばれていた形だ。1かゼロかではなく、2と8もあれば、9と1もあるかもしれない。いずれにしてもOSとクラウドが協調しながら新しい付加価値を提供する形になっていく。

ITの世界では、今書いていることが1年後には的外れになるかもしれないぐらい激烈な技術開発競争や投資が行われている。人工知能やクラウドなどに対する投資は半端な額ではない。そこでは、将来をある程度見通せる能力が競争を左右するだろう。

将来を見通す力とは、時代の流れや世の中の流れを見通す力、技術のロードマップを見通す力などいろいろな領域におよぶけれど、やはりスティーブ・ジョブズがそうした将来を見通す力には非常に長けていたのではないかと思う。なぜならば、「この技術は重要だ」「いや、こちらの技術も有望だ」などと要素ごとに議論しても、それはユーザーには分かりにくいものであり、だからこそ全体イメージを提示して開発を指揮するリーダーシップの巧拙によって最終製品の「いけてる、いけてない」が決まる時代であるからだ。その意味ではジョブズには、動物的とでも言うべき嗅覚や眼力があった。

幸いにもマイクロソフトでも、サティア・ナデラがCEOになってからはニーズに立脚した形で、非常に研ぎ澄まされた感性が発揮されるようになった。今ある要素技術を組み合わせて上手に製品化できるようになってきたのである。ある要素技術を、一つの部品としてパソコン内にとどめておくのがいいのか、あるいは他の技術と結びつけて付加価値の多重化を狙うのか、それとも他社製品に乗せる方がいいのかなど、生態系としての見通しが的確になってきたように感じるのだ。

スカイプがOSに盛り込まれ、それが翻訳機能とつながり、さらにデジタルアシスタントのコルタナ、さらにホロレンズとも一緒になる。すべてまとめて完成形として提供されたエコシステムではなく、徐々につながってエコシステムが形をなしていくといったイメージである。

実のところこういう展開を最も驚いているのはマイクロソフトの社員自身で、従来であれば「実験室レベルの技術だよね」で終わっていたものが、一歩一歩着実に製品になってきていることへの驚きと高揚が同居しているような状態にある。

クラウドという長距離走での競争の形

マイクロソフトもスマホ対応やクラウド事業で後れを取ってしまったように、ＩＴ業界全体で見れば、競争は熾烈をきわめている。一時は勝利しても次の瞬間にはどうなるか分からない状況が続いている。

例えば、詳しい仕組みをほとんどの人は知らないのだが、それでもアナログプレーヤーはＣＤに代わり、ＣＤはＭＰ３に取って代わられ、ＭＰ３プレーヤーで大きなシェアを握っていたメーカーがｉＰｏｄにやられ、それがｉＰａｄやｉＰｈｏｎｅにも広がった。そのアップルでさえ5年後はどうなっているか分からないような競争状態だ。

検索エンジンもそうだ。検索エンジンを使う人がいなくなるとは思えないし、グーグルは巨額のデータセンター投資と技術投資を続けて規模の経済性を追求している。それをマイクロソフトが「Ｂｉｎｇ」で追いかけている。マイクロソフトは財力があるからじわじわと時間をかけて追いかけられるが、突然、想定外のイノベーションが登場してグーグルもＢｉｎｇもあっという間に消失するかもしれない。「そんなことあり得ないでしょう」と一笑に付せないところが恐いところなのである。

データセンター事業も、巨額を投じてメガセンターを設け、グローバルなネットワーク網を構築している。その結果、規模の経済性が発揮されて利用料金は安くなってきた。投資を継続し、さらなる規模の経済性を梃子に競う状態が続いている。それができていれば競争の優位性は確保できるものの、投資に一息つこうものならば、あっという間に奈落の底に追いやられてしまう。

終わりのない長距離走を走るようなものだ。マイクロソフトでも、ウィンドウズフォンなどのデバイスでは少々負けても仕方がないと考えている一方で、「クラウドだけは絶対に譲らない」という強い覚悟がある。なぜならば一度引き離されたら、追いつき、追い越すのは不可能になってくるからだ。

短距離を何本か走るならば、たまには勝てるときもあるだろう。しかし長距離走は、走る距離が延びれば延びるほど追いつき、追い越すのは難しくなり、差を広げられるばかりになる。

クラウドには、そういう性質がある。ここへの対応で出遅れるとIT業界の景色も随分変わるはずだ。例えばSAPやオラクル、IBM、HPなどは基幹的でミッションクリティカルなシステムをオンプレミス、つまり企業内のコンピュータに導入して管理する仕組みをつくっている。そこはどうしても手を抜けない。手を抜けないからこそクラウドへの対応が遅れざるを得ない。実際、今からクラウドに参入しても先行者と互角に戦うことはできないだろう。「気がついたら遅い」という感じになる可能性がある。

グーグルも、クラウド事業のデータセンターを世界8カ所から20カ所に増設すると2016年春に発表したが、アマゾンやマイクロソフトとはすでに相当の差がついている。マイクロソフトが検索エンジン事業をBingで追いかけているのとは逆に、グーグルはクラウド事業でマイクロソフトを追いかけ始めたのだ。

人工知能を活用した新しいサービスの構築の胆は、かつてはアルゴリズムだった。しかし現在は、データ量の勝負になっている。そうなると同じ規模、同じ量のデータを持っていることが土俵に上がるための大前提になる。もしマイクロソフトがBingを持っていなければ、それだけで大きなハンディキャップになっていたはずだ。足りないデータは買い揃えることになるが、自動翻訳サービスでは対訳のためのペア言語情報や専門用語などのデータを買い揃えるには莫大な資金が必要になる。

依然として埋まらないCEOとCIOの〝溝〟

IT業界の競争の話を書いてきたけれど、それだけ企業のIT活用の重要度や緊急度も高まっている。いわばミッションクリティカルの度合いが増している。

情報そのものがビジネスの成否に直結する金融業界はもちろん、小売業界でもｅコマースがどんどん増えてきて情報活用が成長を規定するようになってきている。メーカーも、これだけスマホやタブレットがインターフェースとして活用されるようになれば、デジタルマーケティング、デジタルプロダクツなどすべてのバリューチェーンをデジタル化を前提にした仕組みにしないといけない。「インダストリー４・０」は、単に生産現場のデジタル化にとどめず、消費者の振る舞いをも理解できるようにしようとしている。

メーカーであっても、すでにネットでの評判を解析している会社は多いし、ｅコマースではサイトを訪問してくれたり、見本を請求してくれたり、購入を決めてくれたりした人たちにどのような情報を発信していけばよいのかについての認識も高まっている。「やはり客単価が勝負所か」「人工知能を活用すればなにが分かるのか」など、事業とＩＴシステムの関係が深まっていることへの理解は進んできているように感じる。

でありながら、ＣＥＯとＣＩＯの認識のギャップがどうしても埋まらない状態が依然として続いている。ＣＩＯは、「自分たちは技術者出身なので経営課題の優先順位などは、あまり分かっていない」と平然と言うし、そもそも「システム課題が、あまたある経営課題のなかでどれぐらいの優先度に位置づけられているのか」さえ分かっていないケースが多い。だからＣＥＯとシステム絡みの議論になっても情報システムのことばかりを話している。しかもちょっとオタク的なのだ。

ＣＥＯからすると、「なんだ君たちは、半分趣味で好きな世界に入っているだけじゃないのか」と思えてＣＩＯの話を聞かなくなる。結果、ＣＥＯとＣＩＯの間で、経営の観点から見てＩＴをどのように位置づけるべきかなどの踏み込んだ議論ができない。ＣＩＯは、事業におけるＩＴの位置づけや有用性を明確に語れないといけないのだが、それが十分にはできていないのだ。

これは初期の業務処理システムやメールシステムなどが導入されたときもそうだった。しかし今は、「Go to Market IT」と言うべきか、製品そのものもデジタルで配信されるような商売のデジタル化が進み、経営とＩＴの関係性が抜き差しならないものになってきている。商売即ＩＴといった状態だ。

例えばセキュリティ体制にしても、それ自体は目に見えないものへの投資であり、ＣＥＯは目に見えないものへの投資など簡単に決断できるはずがない。「セキュリティ対策はＣＩＯの責任だ」と決めつけられても、「では生産現場のＩｏＴやセンサーネットワークの構築もＣＩＯの責任なのか」と反論もできるだろう。

いろいろなものがグチャグチャに絡み合い、そして商売のあり方や成長を規定してしまうのならば、ＣＩＯが経営視点でＩＴを議論できるようにならなければならないし、ＣＥＯはＣＥＯで、事業におけるＩＴの位置づけを自ら描いて見せなければならない。

それでもＣＩＯがいる会社はいい方かもしれない。ＣＩＯからＣＥＯになる人も出始めている。しかし一方で、「どなたがＣＩＯですか」と尋ねても、「強いていえばこの人かな」という会社も依然として多いのだ。しかも役員でも部長でもなく、経理部長管轄などというケースもある。したがって誰もＩＴを理解してない。そういう会社はたくさんある。これはもちろんＩＴだけでなく、人材開発や財務などでも専任者がはっきりしていない会社があるのと同じだ。

トップが、「ＩＴ分野のことはよく分からない」と公言しているようではＩＴ経営にドライブはかからない。「でも大丈夫。補完してくれるいい参謀がいるから」というトップもいるが、それはやはり違うのではないかと思う。

経営トップは基本的にすべての事柄について自己完結していないと、知らない部分がどうしても欠落したり、行き詰まったりしてしまう。話を聞いたときに分かる素地、意思決定できる素地があるかないかで事業の展開はまるで変わってしまう。

個々の事業を皿回しにたとえるならば、トップはいろいろな皿を回していかなければならない立場にあり、それが自らできないようでは、いつか皿は回るのを止め、床に落ちて割れてしまう。

経営トップにＩＴのリテラシーがあるかないか、細かいところは十分に分からなくても「やろう」と決断できるかどうかによって事業の活性度が変わるのは当然のことだ。

今求められているITリテラシーとは

アメリカやヨーロッパではビジネススクールが発達し、その数も多い。経営者をめざす人の一種の職業訓練学校みたいなものであり、財務や会計、マーケティング、戦略などの経営に必要な理論や素養を学ぶ。そのなかにはＩＴもあり、情報処理技術者の資格を取るほど詳しくはないけれど、ＩＴと経営の課題を聞けば理解できるぐらいの素地は培っている。当然、セキュリティや商売そのもののデジタル化を考える術も持っている。

しかし日本では営業や経理、経営企画などから社長に昇進し、ＩＴの重要性について十分に訓練されていないことが多い。メールを打ったり、フェイスブックを使いこなせたりするぐらいで、それなりにＩＴ知識があると勘違いしている経営トップもいる。

経営レベルのIT理解とは、経営を支えているITの構成や、それに伴うリスクなどについて考えが及んでいることだ。金融機関や航空会社などで起きたシステム障害は、裏にシステム更新が十分に行われていなかったことも一因だった。つまり経営トップが、IT投資に対する考え方を理解していなかったのが遠因となった。

経営トップには、こうしたITのオペレーションに関わるものだけでなく、今後は経営やビジネスのあり方として攻めのIT利用を実現する戦略面での理解も不可欠になっている。デジタル化したコンシューマーに対してどのようにアプローチするか。その際にデジタルマーケティングをいかに駆使するかなどの、ビジネスの構造的な変革を可能にするIT活用についての理解が求められている。

それはフェイスブックを使えるのとはまったく異なる話であり、異なるリテラシーだ。細かいことは分からなくても、経営への影響を理解できたり事業へのインパクトを直感的に理解できる能力が大事なのだ。

結局は構想力と言ってもよいのだろう。マイクロソフトのクラウド事業では、今は競合他社製品にも対応する開かれた政策を進めている。それはIT戦略というよりはビジネスの戦略そのものであり、構想力に他ならない。

とはいえ、あえてマイクロソフトの社員たちをネタにして現在求められているITリテラシーを考えてみれば、個人的には不満がある。もちろん一般企業の従業員に比べればITリテラシーは高い。マイクロソフトの技術を啓蒙し、普及させるという意味では非常に詳しく、技術者対技術者の議論もできる。そういう意味ではリテラシーは高いのだが、ソフトウエアの会社の社員ならば当然のことであって自慢できるほどのものではない。

問題は別のところにある。お客さまへの提案が、経営や事業が抱えている課題と結びついているとは言い難いのである。経営トップに対して、課題解決に踏み込んだソリューションとITの連携のあり方などを具体的に提示できていない。相手の立場になって説明できてもいない。その意味でのリテラシーは決して高くない。

それはマイクロソフトが、業務課題の解決に貢献するような、システムでいえば上部に位置するアプリケーションを開発してこなかったことも背景にある。ビル・ゲイツは、マイクロソフトをプラットフォームプレーヤー、つまり共通基盤を提供することに専念させてきた。ソフトウエアのなかでも一品一葉の構築ではなく、プラットフォームに専念する。なぜなら同じものをつくって世界に普及させるのがビジネス戦略的に効率がいいからだ。そのためにお客さまの個別の課題を解決するような上位層に位置するアプリケーションソフトの開発と普及は、IBMやSAPやシステムインテグレータが担う形になった。

このことが経営課題に踏み込んだIT活用について提案力が弱い最大の原因だが、インフラとなっているプラットフォームを提供していくのならば、やはり上物は上物で分かっていなければ本当の意味でお客さまのお役に立てたとは言えない。

製品のスペック説明だけでなく、お客さまの課題に対する仮説を用意し、マイクロソフトの製品がどのように役に立ち、日々の仕事を楽にし、効率を上げ、クリエイティブな仕事を実現できるのかなど、ユーザーメリットの創造にまで製品を落とし込んだ話ができなくてはならない。

これが今、マイクロソフトの社員に求められているITリテラシーだが、マイクロソフト以外の会社の社員でも基本的には同じだろうと思う。自社製品がお客さまの課題をどのように解決するかを、お客さまの立場で提案できなければならないし、そこには必ずITが絡んでいるはずである。経営課題に対してソリューションとITがどのように連携しながら課題の解決をもたらすのか。そこを提案できなければリテラシーが高いとは言えないのではないだろうか。結局は、経営にいかに資するかを説明できなければならないのだ。

こうしたリテラシーを身につけるには、どのような異文化理解でも同じことだが、相手の頭の中の構造や心理、環境、立場などを多面的に理解していかなければならない。そのためには相手に興味を持つのが大前提となろうし、相手と触れ合い、信頼された会話ができるようになる努力も欠かせない。

BtoCの商品であれば、製品の性能や機能がよくてマーケティングも有効であればそれなりに売れるだろう。しかしBtoBでは、外のお客さまやパートナーである販売代理店さんに対して、接してなんぼ、そこを動かしてなんぼである。外の人たちとの親和性が低く、社内でばかりエネルギーを使っているような状態ではお客さまも代理店さんも決して動いてはくれない。特に日本のマーケットは、お客さまの会社の文化も含めて理解していないと価格の高い製品は売れないものである。

そもそも日本では、開発から製造、そして納品まで常にお客さまと一緒になって品質などをつくり込んでいくのが普通だ。アメリカのように自分たちがつくった製品をポンと売る、という文化ではない。ヨーロッパが日米の中間ぐらい。それはつまり、責任を持ってやり遂げる企業の姿勢が問われるものだ。欧米では開発が終わるとすぐにチームを解散してしまう例が多いが、日本では納品後もしばらくはフォローする体制にしないとお客さまは納得されない。

開発する側にとっても、特に初めてつくる製品の場合は、バグが出たり、不具合が生じたりするので、それらを早期に吸収して次なる製品開発に盛り込んでいけるメリットがある。これは製品開発における非常に有効な戦略でもある。

だとしてもやはり、根底にあるのは目標や価値観を共有し合いながらものづくりを進める風土だ。それほど日本は、価値観や嗜好《しこう》性を共有して物事を考えるハイコンテクスト文化の国であり、ＩＴリテラシーもこうした風土を前提として考えていかなければならない。そこは絶対に忘れてはならないのではないだろうか。

ＩＴリテラシーはＩＴのリテラシーではない

もう一歩踏み込んで書くならば、そもそもＩＴリテラシーとは、ＩＴのためのリテラシーではないのではないかとさえ思う。

情報収集が難しい時代には、収集すること自体が大ごとであり、収集することに価値があった。例えば統計類では、かつては図書館に行くか、それが面倒ならば多額のお金を出して『統計全集』のようなものを購入するしかなかった。もっと面倒であったのは株式を公開する企業が発行する「有価証券報告書」の閲覧で、所蔵しているのは役所の図書館や証券取引所の資料室、一部の大学図書館ぐらいしかなかった。購入するならば大都市にだけある政府刊行物サービス・センターに足を運ばなければならず、しかも常に在庫が揃っているわけでもない。

しかし今は、情報は集めようと思えばいくらでも集められる。統計類も有価証券報告書もすべてがデジタル化され、ネット経由で簡単に手に入る。統計類ならば時系列データがダウンロードでき、有価証券報告書であれば「ＥＤＩＮＥＴ」でダウンロードでき、自ら分析したり加工したりできるようなデータ形式も用意されている。

情報が溢《あふ》れかえってしまっているような状態だ。そのなかには役立つ情報もあれば、ゴミ同然の情報もある。

当然のことながら情報の取捨選択なり、整理なり、構造化なり、解釈なりの能力が個人レベル、組織レベルで求められ、それが競争力にも如実に反映していく。

大学の先生たちがいつもあきれるのは、学生たちにレポートを求めると、ものの見事にグーグルやヤフー、Ｂｉｎｇなどの検索サイトで課題名を入れると最初か二番目に出てくる情報を丸写し、つまりコピペしたレポートばかりになることだ。情報が正しいかどうかのクロスチェックをした跡もない。情報の無批判な受容と、そうした姿勢から出てくる筋の乏しい見解。「ツイッターもＬＩＮＥも上手に使うが、そもそものインターネット情報の利用の仕方を教えなければならない」と嘆く先生は本当に多いのだ。

昔は、情報を持っているだけで優位に立てた。しかし今は情報を誰でも持てるので、そこを整理して本当の胆になっている情報を探し当てられる高度なスキルが求められている。それすらも人工知能がやってしまう、という議論もあるが、だとしても最終的な判断をするのは人間であり、求められるスキルに違いはない。

池上彰さんや佐藤優さんなどがニュースの解説者として人気を集めるのは、彼らが他人よりもたくさんの情報を持っているからではない。情報というものが持っている本質的な特徴、例えば内容が誰かのメリットのために改変されやすいとか、恣意的に流布されることが多いといった特徴を理解した上で、情報を読み解き、胆を探す。また、それを可能にするためのバックボーンとしての教養が厚い。そうした点が評価されているのである。

同じことが会社間の競争にも言える。情報や変化の本質を読み解く能力が高い会社というのがある。例えばダイバーシティーについての感受性が高い会社は、社会や世の中の変化に対しても敏感で、その意味をいち早く理解して変化をバネに会社を活性化させようとする。

日本マイクロソフトの元社長で、私にとっては大先輩にあたる成毛眞さんは、ウィンドウズ95や98の販売で辣腕を発揮された方だが、98発売後に『ダイヤモンド・ハーバード・ビジネス・レビュー』でのインタビューに、「コンピュータ社会の進行、IT革命においてはライブ感こそが最終的な勝負所になるのではないか」と卓見を示している。つまり情報が気軽に手にできるようになればなるほど、その情報を見極めて役立てるには生の暮し（ライブ）をいかに豊かにするかの努力が大事になるというのである。本を読む、映画を観る、演奏会に行ってみる、スポーツ観戦で熱狂してみる。そうしたライブ感が情報を活用するための基礎的な素養になるのである。

ちょっと話は違うが、日本マイクロソフトでは、「リバースメンタリング制度」を取り入れた。役員が若い世代の社員から教えを請う制度だ。特にBtoCのコンシューマー向け製品の開発やマーケティングでは、若い世代の振る舞いや思考、嗜好、価値観などが分からないと的確な策を打ち出せない。だから若い人たちから話を聞く場を設けたり、アイデアを募ったりしながら彼らの真意を探る。若い世代を知ることで、人事や社員育成にも役立てたいという狙いもある。

生活の場や仕事の場など、大きな意味での「現場」に根ざしていないと道を見失う。ITがもたらす大きな変化は、常に自分の発想や経験、既存のルールなどを見直していないと正しく評価できない。「自動運転で事故を起こしたら誰の責任なのか」「ロボットが戦争をし始めると人民の政治の統治はどうなるのか」。こうした疑問は、今、目の前にあるものであり何十年も先の課題ではない。

ITを駆使したサイバー攻撃にしても、誰が仕掛けたのかはうやむやになっているが、専門家であればみな、分かっている。世間の目にさらされないで〝暗闘〟が続くので世論は形成されない。まるで冷戦時代のスパイ活動だ。それがいいことなのか、悪いことなのか。こういう疑問もすでに身近にあるのだ。

日本語では、「情報」と一括りになっているが、英語では「インフォメーション」と

「インテリジェンス」の使い分けがあるのはよく知られている。インフォメーションとは単なる事実関係やデータとしての情報だ。しかしインテリジェンスは、事実関係やデータから物事の核心的な動きをとらえた情報だ。インテリジェンスであるためには、深い教養と現場についての深い理解が欠かせない。

ＩＴ革命が進展し、クラウドを軸としたまったく新しいサービスが次々と実現するなかで、私たちに求められているＩＴリテラシーがあるとすれば、それはインテリジェンスに他ならないと思うのである。

おわりに――変化の時代を生き残るために

本書を執筆中の11月9日、米大統領選挙でドナルド・トランプ氏が勝利を収めた、という驚きのニュースが飛び込んできた。〝想定外〟とまでは言わないが、6月の英国のEU離脱決定に続き、間違いなく時代の大きな転換点として語り継がれるはずだ。

世界中が閉塞感に覆われるなか、変革を求めるマグマが各所で噴き出しているということなのだろう。従来の常識では考えられない変化は、間違いなくこれからも次々に起こる。そして、それは日本においても例外ではない。

成長が頭打ちになって久しい日本企業では、とっくにパラダイムの転換が起こっていて然るべきなのだが、残念ながらいまだに過去の成功体験を引きずっているところが少なくない。グローバル規模の〝地殻変動〟が起こりつつあるいま、いよいよ本気で変革に取り組まなければ、手遅れになってしまうのではないか。

そんな危機感から生まれたのが本書だ。次代を担う若い世代に向けて、「変革のリーダー」となるためのマインドセットや視点の持ちかた、キャリアを積んでいくにあたってのヒントについて、私の経験に照らし合わせながら語ってきた。

実は、私自身は「プロ経営者」という呼ばれ方はあまり好きではない。しかし、さまざまな社内からの抵抗に遭いながらも、「経営のプロフェッショナル」として変革を断行してきた、という自負はある。

社内で出世してきたサラリーマンは、往々にしてしがらみにとらわれ、意思決定や実行のスピードが鈍りがちだ。昨今は社外取締役を増やそうという流れもあるが、内部にまで踏み込んで会社を変えることには限界がある。多面的な視点をもち、明快な戦略と熱い情熱によって、時に泥にまみれながらも、企業を現場から再構築していけるのは、やはり外部からやってきたプロ経営者なのではないか。

本書の中でも述べてきたが、経営のプロや変革のリーダーというのは、特殊な存在ではない。本書を読んだ方が、「自分にもできるのではないか」と考え、一歩を踏み出すきっかけになってくれれば、著者としてこれほど嬉しいことはない。

2015年7月に日本マイクロソフトの社長を退任し、会長となった。社長を務めた7

年あまりで強く感じたのは、テクノロジー、特にデジタル技術が世の中に与えるインパクトだ。

ウーバーやエアビー・アンド・ビーをはじめ、急速なスマートフォンの普及とクラウド化の波に乗り、顧客接点を変え、従来のビジネスモデルを破壊する「ディスラプター」たちが次々と登場している。また、ＡＩや３次元インターフェースは、人の知覚や体験にまで影響を与え、その可能性を広げつつある。

こうした時代には、まったく新しいデジタルリテラシーが必要なのではないか。経営の最前線から一歩引いた立場となったいま、その思いはいっそう強くなっている。本書では、そんなメガトレンドの変化と、その可能性についても簡単な考察を加えた。

本書の刊行にあたっては、さまざまな人たちの協力を得た。本書の内容は、日経電子版の「出世ナビ」に連載したコラムをベースにしている。連載を担当された日本経済新聞社の代慶達也氏に感謝申し上げる。また、本書の刊行にあたっては、日本経済新聞出版社の赤木裕介氏と編集工房ＰＲＥＳＳ　Ｆの船木春仁氏にご協力いただいた。この場を借りて御礼申し上げたい。

戦略で会社の舵を切っていくのは、いつの時代も重要なリーダーの役目だ。変化の潮目を読みながら、新しい時代をたくましく生き延びてほしい。

２０１６年12月

樋口泰行

樋口泰行（ひぐち・やすゆき）
日本マイクロソフト株式会社　執行役員 会長
1957年兵庫県生まれ。80年大阪大学工学部卒業後、松下電器産業（現パナソニック）入社。91年米ハーバード大学経営大学院（MBA）修了。92年ボストン コンサルティング グループ入社。94年アップルコンピュータ入社。97年コンパックコンピュータ入社。2002年日本ヒューレット・パッカード（日本HP）との合併に伴い、日本HP執行役員に。03年同社社長就任。05年ダイエー社長。07年マイクロソフトに入社し、08年マイクロソフト代表執行役 社長就任。11年2月日本マイクロソフトに社名変更。15年より現職。
著書に『「愚直」論』『変人力』（以上ダイヤモンド社）、『マイクロソフトで学んだこと、マイクロソフトだからできること。』（東洋経済新報社）がある。

僕が「プロ経営者」になれた理由
変革のリーダーは「情熱×戦略」

2016年12月14日　1版1刷

著　者　樋口泰行
発行者　斎藤修一
発行所　日本経済新聞出版社
東京都千代田区大手町1-3-7　〒100-8066
電話（03）3270-0251（代）
http://www.nikkeibook.com/

編集協力　船木春仁（編集工房 PRESS F）
デザイン　谷口博俊（next door design）
写　真　有光浩治
ヘアメイク　大和佳子
本文DTP　朝日メディアインターナショナル
印刷・製本　シナノ印刷

ISBN978-4-532-32118-5　Printed in Japan